JN409031

목장에 피는

노랑제비꽃

....

....

.... 님에게 드립니다.

목장에 피는 노랑제비꽃

윤여임 지음

한솜미디어

책머리에

생전에는 우유로 인간에게 양식이 되어 주고

죽어서는 옷과 신발로 우리 곁에 머무는

세상의 모든 젖소들에게,

새벽부터 그들과의 생을 꾸리느라

여념이 없는 낙농 동지들에게,

우유를 먹으며 밝은 세상을 꿈꾸는

이 땅의 어린이들과 어른들에게

이 책을 드립니다.

1. 어느 봄날의 소회所懷

2. 그 해 여름은

3. 회상에 젖어 부르는 노래

4. 행복한 조란목장

1장

어느 봄날의 소회 所懷

새벽부터 '명상' 하기

꿈속인가 아득한 음악소리가 알람이라는 걸 알아차리는데 걸리는 시간은 10초 내외, 더듬거리고 일어나 현관문을 열고 밖으로 나서는 일은 새벽잠 많은 내게 매일매일 투쟁이다.

기지개를 켜며 심호흡을 크게 하고 목장으로 간다.

"애들아!! 일어나자" 하고 말을 건네면 단잠 잔 녀석들이 느릿느릿 일어서며 참았던 오줌똥을 누느라 여기저기서 부산스러워지며 우리의 아침은 활기를 띠기 시작한다. 365일 매일 같은 시간에 일어나 같은 일을 하면서도 언제나 다른 하루를 여는 우리들의 새벽은 이렇게 시작된다.

먼저 착유기를 전세척하기 위해 스위치를 올리고 밤새 잘 잤는지 구석구석 녀석들을 살피고 나서 착유에 들어간다. 소들이 착유실에 들어오면 따뜻한 수건으로 유방을 깨끗이 닦은 후에, 일단 젖꼭지에 고여 있던 젖들을 짜버린 다음 본격적으로 착유기로 젖을 짜기 시작한다. 기계를 대는 것과 동시에 힘차게 젖이 나오는 소들을 바라보는 것은 낙농을 하면서 가장 흐뭇한 순간이다. 밥을 주고 똥도 치우고 깨끗한 물을 줘야 하고, 그 밖의 셀 수 없는 크고 작은 작업들이 결실로 얻어지는 것이 바로 젖을 짜는 일이기 때문이다.

착유하기 위해 들어오는 소들이 최대한 편안하게 젖을 내리게 하기 위해 우리는 일사불란하게 움직인다. 규칙적인 맥동기 소리, 착유기 탈, 부착 때 나는 쉿~하는 소리와 대기하고 있는 소들을 부르는 경쾌한 휘파람 소리, 텐덤(한 마리씩 들어와서 젖을 짜고 나갈 수 있는 시스템) 문이 열리고 닫히는 소리, 그리고 소들이 부스럭거리는 소리들이 마치 음악처럼 리드미컬하게 생기를 불어넣는 가운데 젖을 짜면 잡념이 사라지고 마음이 차분해진다.

우유를 짜는 시간은 소와 사람과의 교감이 가장 잘 이루어지는 때이기도 하다. 소들은 착유실에 들어오면서 이미 젖이 내리기 시작하므로 신속하게 젖을 짜는 것이 좋다. 뇌하수체에서 젖의 분비를 촉진시키는 호르몬인 옥시토신을 분비하는 시간은 고작 45초 내외이고 이것이 지속되는 시간은 그리 길지 않기 때문에 빠른 시간 안에 착유를 마치는 것이 좋다는 의미이다.

1994년에 남편이 서툰 관리인 하나와 제대로 젖도 짤 줄 모르는 나를 두고 유럽여행을 떠난 적이 있었다. 눈이 크고 순해 보이는 소였지만 막상 곁에 앉아서 젖을 짠다는 것은(파이프라인은 서 있는 소 옆에 앉아서 젖을 짠다) 덩치가 사람 열배도 넘는 녀석들 기세에 눌려 다리가 후들거리고 등에서 식은땀이 나는 일이었다. 걱정 말라고 큰소리를 치고 남편을 떠나보냈지만 소가 발이라도 슬쩍 들라치면 지레 놀라서 그만 우사 바닥에 엉덩방아를 찧고 옷은 온통 오물 투성이가 되곤 했다. 연습을 하기는 했지만 모든 과정이 두렵기만 했다. 그러나 관리인한테 다 맡길 수도 없는 노릇이고 어떻게 해서든지 열사흘을 견뎌야만 했다.

하는 수 없이 맥주를 한 잔씩 마시고 젖을 짜러 들어갔다. 맥주를 한 잔 마시면 등도 훈훈해지고 뱃심도 좀 생겼다. 소 젖꼭지는 따뜻했지만 생각보다 좀 뻣뻣했다. 맨 처음 소 젖꼭지가 손에 닿았던 그 느낌은 아직도 마음에 생생하게 남아있다. 가슴이 두근거리고 숨이 찼지만 간신히 첫 번의 착유를 무사히 마쳤고 달력에 그려진 스물여섯개의 동그라미를 하나씩 지워 나갔다.

마지막 날 오전 착유를 마치고 기계실에 서 있는데 예고도 없이 한나절이나 빠르게 돌아와, 착유실로 들어 선 남편의 모습은 지금까지 내가 보아 왔던 가장 멋진 모습이었다. 청바지에 연한 청 남방을 입고 감색 모직 재킷을 입은 그가 환한 미소를 지으며 나를 바라보고 있었다. 엷은 피로감으로 약간 창백해 보이는 그의 얼굴은 눈이 부셨다. 나는 너무 놀라서 들고 있던 기계를 떨어뜨리고 그만 울음을 터뜨리고 말았다. 내 생애에서 가장 길었던 2주일간의 고생이 끝나는 순간이었다. 그렇게 시작된 나의 착유 실력은 이제는 어디다 내놔도 손색이 없는 훌륭한 일등 목부 실력이다.

젖을 짜는 일은 우리에게는 일종의 명상을 하는 의식과도 같다.

인도 출신의 녹색운동가인 사티쉬 쿠마르는 그의 암소 라드하의 젖 짜는 시간을 명상에 비유한다.

『나는 라드하와 아침마다 명상을 하기로 약속했습니다. 아침 일찍 마음을 다하여 라드하의 젖을 짜기 시작하면 모든 생각이 멈추어 버립니다. 과거에 대한 추억도 미래에 대한 계획도 모두 정지해 버립니다. 그 순간만은 오로지 라드하만을 생각하며….』

<www.pressian.com 서연 '농막에 불을 켜고'>

이렇듯 우리는 모든 정신을 집중해서 그녀들과 마음을 나누며 젖 짜기에 전념한다. 아침저녁 열두 시간 간격으로 두 번 젖을 짜야 하는 것은 목장에서는 밥은 굶어도 꼭 해야만 하는 일이다.

시간만 되면 어김없이 착유장 앞에 죽 서서 '명상'하자고 기다리는 모습이라니….

시계가 따로 없다.

노랑제비꽃의 은유隱喩

사실 나는 노랑제비꽃을 본 적이 없다.

어느 봄날 제비꽃으로 화전을 부치다 꽃말이 궁금해서 백과사전을 찾아보았다. 우리 목장 주변에 지천인 보랏빛 제비꽃의 꽃말이 겸손이었다.

아마 꽃말을 지은 그 누군가는, 살포시 고개를 숙이고 이른 봄 찬바람 속에서 애잔히 흔들리는 제비꽃을 보았겠지. 갈빛 덤불 사이로 돋아난 보랏빛 꽃대를 허리 깊이 숙여 말없이 한동안 바라보다 '겸손'이라는 단어를 떠올린 것은 아니었을까?

제비꽃은 종류도 많았다. 각시제비, 남산제비, 고깔제비, 털제비, 노랑제비….

그중 노랑제비꽃의 꽃말이 '농촌의 행복'이라고 했다.

'농촌의 행복'이라!

누구나 잠시 다녀가고 싶어는 해도 살면서 농사짓고 싶어 하지 않는 농촌에서 젖소농사 지으며 사는 우리네들은, 작고 소박하게나마 행복이라는 이름으로 삶을 꽃 피워내야 할 사명감이 있을 것 같았다.

내가 올 봄에는 작정하고 노랑제비꽃을 찾아보리라고 했던 그 계획을 접은 이유도 어쩌면 행복은 우리가 눈으로 확인해야 하는 가시적인 것이 아닐지도 모른다는 생각이 들었기 때문이다. 눈으로 본 적이 없어도 존재를 믿는 것, 언젠가는 보게 될 거라는 기다림을 품는 것도 행복이 아닐까.

정확하게 말하면 본 적이 없다는 말보다는 알아보지 못했다는 말이 맞을 지도 모른다. 그동안 내가 보았던 무수한 노란 야생화들 중에 노랑제비꽃이 없었다는 보장을 어떻게 하겠는가. 다만 알아보지 못했을 뿐인지도 모를 것을….

행복이란 그렇게 알게 모르게 우리 곁을 언제나 맴도는데 다만 우리의 번잡한 욕심들이 눈을 가려 품안에 맞아들이지 못하는 것임을….

내 마음속에 간직한 노랑제비꽃은 삶에 지친 고단한 육신을 위로하고, 마음속에서 잡초처럼 번성하는 욕망의 가시덩굴 사이로 사시장철 작은 꽃을 피우리라!

그 작은 꽃이 내가 인간으로 살아가면서 지녀야 할 것들에 대해 깨우쳐 줄 거라고 어느 날부터 나는 믿게 되었다. 이것이 내가 마음속에 노랑제비꽃을 심은 이유인 것이다.

3월에

겨우내 들락거리는 아이들 덕에 생활의 흐름도 빨라지고 활력이 가득 차, 사람 사는 냄새가 폴폴 나던 집안이 조용해지고 다시 예전처럼 느리게 돌아왔다. 우리 집의 3월은 이렇게 텅 빈 것으로 출발한다. 애들이 와서 지내다 가면 늘 있는 일이지만 언제나 낯설고 섭섭하기만 하다. 아이들은 상급학교로 진학하면서 하나씩 집을 떠나갔지만 큰 아이가 처음으로 집을 떠나던 때를 생각하면 두고두고 가슴이 저려온다.

이 험한 세상에 딸애를 낯선 곳에 혼자 살게 한다는 것은 여간 힘든 결정이 아니었다. 어떻게 할 줄 몰라서 전전긍긍하는 내게 친정어머니는 아이들 다 품에 끌어안고 바보 만들 거냐고 나무라셨다. 당신은 사남매 다 객지로 보내 공부 시키면서 전화도 자동차도 없던 시절, 그저 편지나 한 번씩 주고받으며 무소식이 희소식이려니 하고 사셨다면서 서둘러 아는 분을 통해서 믿을 만한 자취집을 소개해 주셨다. 2월 28일 책상이며 작은 옷장과 아이 짐을 챙겨 이사를 시켰다.

짐을 정리하고 딸을 데리고 시내로 나가 여기저기 돌아다녔다. 어스름해지면서 비가 부슬부슬 내렸다. 내가 학교를 다녔던 그곳은 너무 많이 변해 버려 어딘지 종잡을 수도 없었다. 마음으로는 그립고 다정한 곳이었는데 눈앞에 보이는 낯섦은 내리는 비 탓인지 훨씬 강하게 무게를 더해 우리 모녀를 초라한 이방인으로 만들어 버렸다. 이 낯선 곳에 저 아이를 혼자 두고 가야 하는 서러움에 금방이라도 눈물이 나올 것 같아 연신 헛기침을 했다. 낯선 형광등불빛 아래 이런저런 이야기를 주고받다 잠자리에 누웠는데 사방은 밤새 켜놓은 가로등 빛으로 왜 그렇게 환한지 잠을 이룰 수가 없었다.

애는 불안함으로 안절부절못했다.

"다 이런 거야. 지금부터 시작이야. 어쩔 수 없어. 이젠 너 스스로 모든 것을 다 결정하고 해결해야 돼. 엄마 아빠가 없는 애들도 있잖아. 엄마는 이제 가야 해."

밥을 할 줄 아나 반찬을 할 줄 아나 참 한숨만 나왔다. 양념치킨을 한 마리 시켜 상을 차려서 먹으라고 해 주고 돌아서는데 아이가 젖은 목소리로 불렀다.

"엄마, 나도 엄마랑 같이 집에 갔다가 입학식 날 오면 안 될까?"

눈물이 툼벙툼벙 치킨 위로 상 위로 떨어졌다.

가까스로 서운함을 참고 있던 내 눈에서도 눈물이 떨어졌고 우린 부둥켜안고 울고 말았다. 잠시 후 나는 아이를 보며 말했다.

"그래, 그러자."

금방 생기를 찾고 눈물을 훔쳐 내며 계면쩍게 웃는 아이를 앞세우고 집으로 돌아오는데 내 마음이 왜 그렇게 훈훈하고 좋았던지….

남편은 만 하루 만에 집으로 돌아온 우리 모녀를 혀를 차며 맞이했다.

"쯧쯧, 잘하는 짓이다. 그 에미에 그 딸이군."

이미 지나 버린 일이지만 사업이 어려워 외국에 나가 있던 오빠네 가족 생각에 매일 눈물바람을 하시던 엄마에게 누가 죽기라도 했냐고, 그만하면 잘사는 거지 뭣 때문에 눈물을 보이시냐고 모진 소리를 했다. 내 나름대로 엄마가 마음 약해지실까 봐 그랬다지만, 하루면 두 번이라도 오갈 수 있는 가까운 곳으로 아이들을 내보내고도 이렇게 마음 둘 데 없이 가슴에 찬바람이 이는데, 이역만리 자식을 보낸 늙은 부모의 심정이 어땠을까!

얼마나 불효를 했는지 억장이 탁탁 막혔다. 아이들을 다 내보내고 나서야 나는 비로소 모자라지만 부모님의 딸로 다시 태어난 것이다.

이 녀석은 어릴 적부터 짐을 싸서 나다니는 일을 아주 잘했다.

보이스카우트, 우주 정보 소년단 활동을 하면서 짐도 혼자 잘 싸고 낯선 곳에 적응도 잘했다. 고등학교를 기숙학교에 보내면서도 우린 아무도 막내 걱정은 하지 않았다. 이불 짐을 들어다 주겠다고 했더니 창피하니까 혼자 가겠다고 했다. 덩그러니 큰 교복을 입고 오리엔테이션 때 사귄 아이들과 이불 짐을 들고 멀어지는 아이를 따라가 마다하는 것을 앞세워 기숙사에 들어갔다. 볕도 안 드는 곳, 커튼은 낡고 얇은 것이 한쪽은 핀이 빠져서 너풀거리고 옹색한 이층 침대가 두 개, 바닥은 너무 차서 양말 신은 발이 저렸다. 어찌나 썰렁하고 을씨년스런지 선뜻 발길이 돌아서지지가 않았다. 자꾸만 어서 가라고 돌려 세우는 녀석이 섭섭하고 허전해서 집으로 돌아오는 차 안에서 내내 울기만 했다.

이렇게 아이들은 다 우리 곁을 떠나갔지만 애들 방안에서 끼쳐질 냉기가 싫어서 봄이 다 지나도록 보일러 밸브도 잠그지 못하고 어정쩡하게 시간을 보냈다. 한 달에 두 번 집에 오는 아들 녀석은 단 일이십 분이라도 빨리 오려고 예매해 둔 기차표를 무르고 입석을 타고 집에 왔고, 학교로 돌아갈 때는 조금이라도 더 있다 가고 싶어서 뭉그적거리다 차시간이 없어 애를 쓰곤 했다. 그렇게 3년이 지나고 다시 대학에 입학하여 기숙사에 데려다 주고 오던 날엔 왜 그렇게 더 허전한지 자꾸만 마음에서 찬바람이 돌았다.

며칠 전 핼쑥해진 얼굴로 집에 온 녀석이 내게 말했다.

봄철이면 한바탕씩 몸살을 앓는데 엄마 목소리만 들어도 눈물이 나오니까 전화도 못했단다. 주말이면 학교 앞에 즐비하게 차를 대는 엄마들이 극성스러워 보이면서도 부러웠노라고. 그런 엄마들 보다가 우리 엄마 보면 가끔씩 고아처럼 자라고 있다는 느낌이 든다고 눈물을 글썽였다.

엄마는 잘 모른단다. 무엇이든 혼자 결정해야 하고 무엇이든 혼자 다 감당해야 하는 기숙사 생활이 몸이라도 아플 때는 얼마나 힘겹고 눈물이 나는지.

내색은 안 했지만 그 놀라움과 충격이 얼마나 큰지 가슴이 계속

쿵쾅거렸다.

“야, 니 친구 부모님들 자동차 안 내준다며? 그런데 너는 필요하다면 아빠가 언제든지 차 열쇠 내주고 하는 것이 다 어른대접해주고 강하게 크라는 뜻이지, 그렇다고 무슨 고아냐?” 하고 맞받아치면서도 목소리가 떨렸다.

신입생 환영회다 뭐다 해서 연일 불려 다니면서 안 마시던 술도 마셔야 하고 새로운 생활에 적응도 하느라, 이래저래 고단해 한바탕 앓고 왔다는 녀석 얼굴은 반쪽이 되어 있었다. 그러더니 이틀 자고 또 훌쩍 떠나버렸다.

“다녀오겠습니다” 하고 성큼성큼 멀어지는 아이 뒷모습을 바라보며 속으로 되뇐다.

‘야, 이 녀석아 학교에 다녀오는 게 아니라 네가 잠시 집에 다녀가는 거지. 임마, 그것도 모르냐.’

우리는 매일 이별을 경험한다. 그런데 그 이별이 3월이면 더욱 새로운 것은 3월에 부가되는 시작의 의미 때문일 것이다.

이별이야말로 진정 또 다른 시작의 의미가 아닐까?

3월은 시작의 달이요, 이별의 달이다.

볕에 길게 누워 해바라기 하는 소들에게도 3월은 추위에 웅크렸던 등을 쭉 펴고 춥지도 덥지도 않은 봄을 맞는 달이고, 목장주는 거름도 내야하고 묵혀 두었던 밭도 갈고 본격적인 농사일로 한층 더 바빠지기 시작하는 달이기도 하다. 겨우내 짬짬이 만나서 놀던 이웃들과의 만남도 슬그머니 접고, 크고 작은 일거리들을 꺼내어 농사일을 본격적으로 시작하는 시절이 돌아온 것이다.

어느 하루도 쉬지 못하는 목장 일이지만 목장은 지금부터 진짜 제철, 일철이다.

(월간 피드저널 2006. 3)

어느 봄날의 소회所懷

등에서 땀이 솟고 어지럼증이 돌아 눈을 꼭 감았다 뜨면 앞산이 멀어지기도 하고 가까워지기도 했다. 트랙터로 로터리를 치고 골을 타 놓은 비탈 밭에 옥수수 씨앗을 놓는 일은 숨이 턱에까지 차올랐다.

왜 하필 이때만 되면 그렇게 된통 심한 감기 몸살이 걸리는지 알 수가 없었다. 씨앗을 놓는데 아지랑이가 부드러운 바람에 실리고 대지에서 올라오는 훈훈함으로 어지럼증이 더 심해지는 것 같았다.

비알이 심한 밭을 기어오르듯 씨앗을 놓고 긴 숨을 쉬며 돌아서서 마주 보는 건넛산은 꾸무럭거리며 아직도 지난 겨울의 권태를 다 털어내지 못하고 있었고 보아도 보아도 그 모습 그대로이기만 했다.

'시골살이가 이런 것인가' 하는 의문이 불현듯 들기 시작했다. 온통 갈빛에 갇혀 더디 오는 봄을 권태로운 눈으로 바라봐야 하는 이런 것들이 바로 내 남편의 일상이구나 하는 생각이 들었다.

남편의 시야를 넓히는 일이 필요하다는 생각이 들었던 1993년의 4월 어느 날의 이런 생각들은 94년부터 시작된 남편의 해외여행의 단초가 되었다.

남편의 첫 해외여행은 그렇게 나의 무식한 용감함으로 적극적으로 남편을 부추겨서 시작된 일이었다.

재미를 들인 남편이 이번에는 호주여행을 가겠다고 나섰다. 8일간의 일정이었는데 겁이 더럭 났다. 유럽여행 때 하도 고생한 터라 쉽게 대답이 나오질 않았다. 설상가상으로 집에는 관리인도 없었지만 그냥 대답을 시원스레 했다. 여행은 12월초로 잡혔다. 목장은 분만 예정이 12월 중순에 세 마리가 잡혀 있어 큰 문제가 없어 보였고, 급한 대로 잠시 와서 일을 거들어 줄 사람을 구하고 살림과 아이들 건사는 친정어머니께서 맡아 주시기로 하셨다.

달력에 열여섯 개의 동그라미를 그렸다. 이번에는 아주 초짜도 아니니 좀 낫겠지 하는 생각이 들어 마음을 다부지게 먹고 시작했다. 이틀까지는 아주 모든 것이 순조로워 스스로도 대견스러웠다. 남편은 낭랑한 목소리로 전화를 해서 근황을 물었다.

"걱정 마시라, 내가 누구인가? 잘 놀다 오세요."

그런데 문제는 그 다음에 일어났다.

우사에 들어온 소 한마리가 태(胎)를 매달고 들어온 것이었다. 아직 분만일이 열흘도 넘게 남았는데 웬일인가 싶어서 어둑한 운동장을 더듬어 보니 한 쪽에 갓 태어나 채 마르지도 않은 송아지가 오들오들 떨고 있었다. 일단 착유를 하고 송아지를 데려다 초유를 먹이려고 갔더니 한 마리이던 송아지가 두 마리였다. 분만할 소들을 다 조사해 봤지만 새끼를 낳은 소는 분명 한 마리뿐이었다. '아이고 맙소사!' 쌍둥이였다. 한숨이 저절로 나왔다.

젖을 두 마리 먹이고 늦은 아침을 먹으려고 잠시 들어왔는데 친정어머니께서 헐레벌떡 뛰어 들어오시는 것이었다. 송아지가 또 있다는 것이었다. 그리고 또 한 마리, 젖병이 모자라 서둘러 읍내에 나가서 젖병을 사가지고 들어오니 또 한 마리….

한나절에 세 마리의 소가 다섯 마리의 송아지를 낳은 것이었다. 어이가 없고 온통 머릿속이 텅 비는 느낌이었다. 뭘 어떻게 해야 하는지 알 수가 없었다. 하지만 고맙게도 새끼 낳은 어미 소 한 마리는 사료를 잘 먹었다. 재미가 있어서 자꾸 주었다. 남편은 그날

이후 전화를 하지 않았다. 도대체 뭐를 어떻게 하라고 말할 수가 없어서 그냥 있었다고 했다.

20년을 넘게 목장을 했지만 쌍둥이를 낳은 것은 그날이 처음이라고 했다. 그것도 두 마리나. 어미 소의 자궁은 크기가 정해져 있는데 쌍둥이는 두 마리를 키워야 하기 때문에 그 용적이 모자라 흔히 열흘이나 일주일을 당겨서 낳는다는 것을 그 때는 알 턱이 없었다. 사료를 잘 먹는다고 한꺼번에 많은 사료를 먹인 소는 전위에 걸려 남편이 돌아오기도 전에 죽었다. 분만 후에는 사료를 조금씩 늘려 줘야 한다는 기본적인 사양 원칙도 몰랐던 풋내기의 어이없는 실수였다.

모든 것이 무섭고 힘이 들기만 했다.

송아지는 설사를 할까봐 우유를 조금씩만 먹였다. 엄마는 옆에서 눈치만 보시면서 애가 닳아하셨다. 그러나 그 송아지 다섯 마리는 남편이 돌아온 며칠 후 어느 몹시 추운 날 아침에 나갔더니 모두 죽어 있었다.

자는 듯이 누운 것도 있고 앉아 있는 것도 있고 도무지 믿어지지가 않았다. 얼마나 고생고생하며 지금까지 왔는데, 엊저녁까지 아무렇지도 않은 송아지가 한두 마리도 아니고 다섯 마리씩이

나…. 발이 얼어붙고 입이 붙어 버려서 아무 말도 할 수가 없었다.

설사 할까봐 겁이나 우유를 조금씩 먹여서 영양실조가 된 송아지들이 갑자기 몰아닥친 추위를 이기지 못해서 그런 것이라고 알게 된 것도 몇 년이 지난 후였다.

그 때부터 나는 소가 싫어졌고 목장 근처에도 가기가 싫었다. 매일 남편에게 소를 팔고 목장을 그만두자고 조르는 것이 일과가 되었다.

철이 나려면 아직도 몇 년은 더 기다려야 했던 암흑의 시기, 1996년 겨울의 일이었다.

감나무 스승

물이 오르는 나뭇가지들의 몸짓은 어쩐지 선뜻 다가가기가 망설여지는 처녀의 수줍은 듯하며 도도한 아름다움처럼 특별함이 있다.

산수유를 시작으로 꽃망울을 터뜨리는 목련의 화사함과 앞 다투어 피어나는 벚꽃, 영산홍 그리고 자지러질 듯한 진홍빛 홍도화에다 단풍도 느티나무도, 잔뜩 터질 듯 새싹을 틔우는데 그저 죽은 듯 침묵하는 감나무를 보는 마음은 남다르다. 남들보다 앞서지 못하고 튀지 않으면 경쟁에 뒤쳐진다고 주눅 들게 하는 속도 지상주의 시대에, 서두르지 않고 자연이 부여한 섭리대로 유유자적한 감나무의 느긋함은 무언지도 모르게 바쁘기만 한 세상을 사는 내게 숨고르기를 가르치는 것 같다.

느지막하게 피운 소박한 꽃을 소담스런 가을의 정취로 키워 낼 감나무의 느긋함은, 알면서도 어쩐지 조바심이 나서 슬그머니 잔가지를 꺾어 보며 이내 방정맞음을 후회하게 만든다.

'살았니? 죽었니?'

'살았다!'

새파랗게 물이 오르는 감나무의 자취를 확인해야 안도하는 이 짓은 해마다 봄이 되면 되풀이 되는 일이다.

화려한 잔치로 겨울의 권태를 훌훌 털어내는 봄꽃들이 계절을 앞서며 패션을 이끌어 가는 도회지의 멋쟁이들이라면, 열매 맺을 준비를 하며 때를 기다리는 소박한 감나무는 어쩐지 우리네 시골 여인들 같다는 생각이 든다. 감나무의 어린잎은 혈압과 성인병에 좋다하여 살짝 쪄서 그늘에 말려 차를 만들어 마시기도 한다. 예전에는 나무 밑에 수북이 떨어진 노란 감꽃은 실에 꿰어 목에다 걸고 다니다 하나씩 따서 먹는 주전부리였다. 노르스름한 감꽃의 들큼하면서도 풋내 나는 향기가 생각나면 가끔씩 감꽃을 주워서 먹어보곤 한다. 가만히 보면 열매를 먹는 과실수의 꽃들은 그렇게 빼어나게 사람의 마음을 사로잡는 것은 없는 것 같다.

이슬 참에 주워 온 떨어진 여름 풋감은 시원한 부뚜막 한쪽에 이틀만 재우면 말랑하게 홍시가 되곤 했었다. 그 비릿한 들척지근함은 여름이 주는 또 하나의 향수다.

이러니저러니 해도 감나무가 제일 사랑스러워지는 때는 감이 친근한 빛으로 붉게 익어가며 감잎에 단풍이 드는 늦가을이다. 가지에 감을 남겨두고 소슬한 바람에 한 잎씩 너울거리며 지는 감나무 잎은 바라보는 이에게 만추지정(晩秋之情)을 자아내게 한다.

본래 감이란 것은 떫은맛이 강해 밤새 뜨거운 물에 우려내거나 홍시가 되면 떫은맛이 없어지는데 단감은 서리가 내리면 그 단맛이 절정에 달하게 된다.

동대문 시장에서 과일가게를 크게 하시던 작은 아버지한테 놀러 가면 어른 아이 다 들어가도 남을 큼지막한 침 담그는 오지독이 시장 뒤편에 수두룩했다. 그 솜씨를 전수받은 친정 부모님의 침 담그는 솜씨는 아주 일품이시다. 옹기항아리에 뜨거운 물을 담고 감을 담가 아랫목에 묻었다가 이튿날 아침에 꺼내면 아작아작하고 단 것이 그만이다. 친정집 뒷마당에 있는 탐스런 감은 유별나게 침 담근 감을 좋아하는 내게 가을이면 우리 부모가 주시는 특별한 하사품이다.

학교 다닐 때 자취집은 도청 관사가 있는 길을 지나야 하는 곳에 있었다. 크고 멋진 집들이 여러 채 있는 그곳에는 후박나무가 줄지어 있었고 마당에는 큰 감나무가 있었다. 감나무 위에는 따지 않은 감들이 겨우내 고스란히 얼면서 말라가곤 했다. 혈기가 왕성했던 그때 감나무 주인에게 분노했던 까닭은, 엄연한 먹을 것을 저렇듯 볼거리로 방치해 둔다는 것은 그 집주인의 오만함과 과시욕이라고 생각했기 때문이다. 높은 곳에 있어 따지 못할 것들을 까치밥이라고 남겨두었던 조상들의 지혜라고 하기에는 감이 너무 많았다. 지금처럼 계절 구분 없이 과일이 흔하지 않았던 그때, 감은 사과 배와 더불어 겨울철 과일의 대표였고 큰 놈으로 하나 먹으면 요기도 되었을 때니까.

무르익은 가을날 찾아온 손님에게 나무에서 뚝 따서 옷에 문질러 건네는 단감은 계절을 건너며 비바람을 견디고 감을 키운 나무에게도, 감을 단맛 들게 하는 가을햇살에도 고마움을 느끼게 한다.

철 이른 나무들을 시샘하지 않고 자신의 때를 기다려 자연의 흐름대로 쓸모 있게 역할을 다하는 감나무에게서 기다림을 배우고 본분을 다하는 성실함을 배운다.

와이프를 구합니다

나더러 젖 짤래? 밥 할래? 하고 물으면 1초도 생각하지 않고 젖 짠다고 대답할 것이다. 살림이 매력 없는 이유 중 하나가 반복성과 비효율성이다. 집은 하루만 안 치우면 나간 집 같고 반찬도 역시 하루만 안 만들어도 젓가락이 갈 데가 없다.

작년에 서울 남부지법에서 주부를 집안일에, 가정경영도 담당하는 '특별인부'로 인정해 일당을 65,734원으로 판결한 바 있다. 예전의 인식에서 진일보한 개념임에는 틀림없지만 그렇다고 주부를 직장인으로 봐주는 사람은 아무도 없다. 법적으로야 그런 도식이 성립하겠지만 가정에서는 주부들의 수고가 돈으로 계산되어

지불되는 것은 아니기 때문이다.

도시사람들이야 남편들이 직장을 다니니까 집에서 식사하는 횟수가 적어서 덜 하겠지만, 일터가 집이고 집이 일터인 농촌에서 삼시세끼를 수발해야하는 농촌여성들의 살림부담은 크기 마련이다.

게다가 우리처럼 목장일하는 사람들은 부지런히 젖을 짜고 집에 들어와 그때부터 밥을 해야 하니 매일 힘들다. 똑같이 젖 짜고 들어와 남편은 TV앞에 앉는 대신 아내들은 부엌으로 가야한다. 목장 집 아낙들은 남편들의 생각이 마땅칠 않다고 말한다. 아내들의 목장일은 당연히 해야 할 일이고 집안 살림은 여가활동쯤으로 생각하기 때문이다.

그뿐이 아니다. 학교 다니는 자녀가 있는 집에서는 학교 통학시키는 몫까지 대부분 아내들의 몫이다. 도대체 몇 가지 역할을 하는지 알 수가 없을 지경이다.

농사일에, 목장 일에, 집 안팎 건사에 바쁘기만 한데 늘 무엇을 해 먹어야 하나 고민스럽기만 하다. 같은 반찬을 상에 두 번 올리려면 슬그머니 눈치가 보이기 때문이다. 이렇게 입맛이 변하는 봄날이면 식초를 넣고 상큼하게 나물을 무쳐 먹어 보기도 하지만 무슨 새로운 찬거리가 없을까 고민하는 것이 일상이다.

가끔 사람도 소처럼 매일 같은 것만 먹고 산다면 얼마나 편할까 하는 엉뚱한 생각을 하며 혼자 웃는다. 아무래도 와이프를 하나 구하던지 우리도 소처럼 되새김을 하던지 해야 할 것 같다고 더러 농담 삼아 말하기도 한다.

그런데 소는 무엇을 먹으며 무엇을 좋아할까?

소는 초식동물이다. 소들이 제일 좋아하는 것은 물론 맛있는 풀이지만 형편은 늘 그렇게 맛있는 풀만 먹게 할 수는 없다. 일반적으로 젖소는 영양성분을 맞춘 혼합 사료인 티엠알(TMR)사료를 먹고 사는데, 보통 곡물사료와 풀 사료의 비율을 반반으로 한다.

소는 사람들처럼 이것저것 새로운 것을 원하지 않는다. 왜냐하면 그네들은 4위, 즉 위가 네 개이고 되새김질을 하는 동물이기 때문이다.

소는 반추위로 음식물이 들어가 분해를 하는 과정을 거쳐 영양분으로 이용하는데 이 반추위는 위내에서 산도(酸度)를 맞춰줘야 하므로 소의 상태에 의해 정밀하게 설계한대로 같은 사료를 먹여야 한다. 한마디로 별식은 소하고는 관계없는 말이다. 소의 특성에 맞게 만들어진 사료를 매일 똑같이 먹이지 않으면 소한테 문제가 발생하기 때문이다. 초식동물들은 늘 맹수의 먹잇감으로 쫓기는 신세이기 때문에 도망가기 바빠서 급하게 먹은 후에 다시 꺼내어 되새김을 한다는 그럴듯한 이야기도 있지만 아무튼 반추동물의 특징은 되새김에 있다.

마치 껌을 씹는 듯 한번에 60~70번을 되새김을 하고 잠시 멈추었다 다시 꺼내어 또 씹고, 이렇게 되새김을 하는데 보내는 시간은 자그마치 하루에 예닐곱 시간정도라고 하니 소들에게 되새김은 가장 중요한 일중의 하나임에 틀림없다.

그러므로 우리처럼 소를 돌보는 사람들에게 되새김은 소의 건강상태를 체크하는 중요한 지표가 된다. 건강한 소는 새김질도 잘하고 코에 땀이 나 있어 반질반질 윤이 나야 하기 때문이다.

소들의 반추(되새김)작용을 연구하는 학문의 발달은 20세기 가장 발달된 다섯 가지 학문 중의 하나라고 한다. 이렇듯 되새김하는 소의 소화기관은 정교하고 특수하기 때문에 정해진 사료만을 먹이는데 만약 사람처럼 이것저것 별식에 간식을 챙겨줘야 한다면 어찌 했을꼬, 하느님은 참으로 현명하시다.

예수님께서 '무엇을 먹을까 무엇을 입을까' 고민하지 말라고 하셨는데 저녁반찬은 또 뭐를 해야 하나. 만날 찌개는 뭘 끓일까, 나물은 뭘 무칠까, 젖만 짜던지 살림만 하던지 하면 좋으련만.

"어디 살림 잘하는 야무진 와이프 없나요? 와이프를 구합니다. 젖도 잘 짜면 더 좋구요."

그럼 남편은 옆에서 이렇게 거들 것이다.

“젊고 얼굴 이쁘면 더 좋고.”

듣고 있던 나는 아마도 눈을 흘기겠지, 어디 한번 잘해 보시라고….

양재동에서 만난 청년

양재동 꽃시장에만 가면 자꾸만 얄팍한 지갑사정을 잊고 여기저기 기웃거리다 보면 하루해가 짧을 지경이다. 가을까지 꽃이 피는 것으로 일년초도 고르고 둔덕에 심을 영산홍에, 이것저것 사서 트럭에 한가득 싣고 돌아오면서 콧노래가 절로 나온다.

이 아름다운 꽃모종을 가꾸기 위해 겨우내 수고했을 사람들에게 감사하는 마음을 갖기도 하고, '까짓것 다른 데 좀 더 아끼면 되지' 하며 늦가을까지 꽃을 보며 즐거울 생각에 가벼운 흥분이 인다.

큰 맘 먹고 4월 초반에 사다가 심었던 꽃들은 유난히 더디게 물러가는 추위 탓인지 얼어서 시름시름 피어나질 못하고 시들어 버리고 말았다.

하는 수 없이 다시 양재동으로 트럭을 몰았다. 조금만 산다고 하고 가서는 주섬주섬 골라 놓은 것을 실어 주던 잘생긴 청년이 꽃가게를 하느냐고 묻는다. 목장을 한다고 대답하자, 다소 무뚝뚝해 보였던 청년의 표정이 금방 밝아지더니 자신의 꿈이 열심히 돈 벌어서 목장을 하는 것이라고 한다. 부러워서 죽겠다는 표정을 지으며 혹시 조경하는데 도울 일이 있으면 전화하라고 명함을 내밀었다. 갑자기 궁금한 것이 많아진 듯 목장을 하려면 어떻게 하냐는 것부터 여러 가지를 묻는데 선뜻 대답할 거리가 마땅칠 않았다. 땅값은 비싸지, 그렇다고 낙농여건이 아무나 하고 싶다고 금방 할 수 있는 것도 아니지 그냥 대강 얼버무리면서 가슴이 좀 답답했다.

사양기술의 발달로 생산성이 높아져 우유생산량이 많아지는데도 상대적으로 값싼 수입 분유량은 날로 증가하는 상황에서, 목장마다 생산량의 제한이 있기 때문에 새롭게 목장을 시작하기는 정말 어렵기 때문이다. 점점 젊은이들이 농촌을 등지는 현실인데 농촌에 와서 소 키우면서 살고 싶어 하는 젊은이조차 두 팔 벌려 환영하지 못하는 지금의 상황이 안타깝기만 하다.

함박웃음을 지으며 잘 가라고 손을 흔들던 청년 생각을 하니 꽃 실은 트럭을 운전하면서도 어째 지난번처럼 신이 나질 않았다.

지금은 목장을 하는 우리 같은 사람들도 자식에게 대물림하기를 주저하는 상황이고 더구나 아이들이 원하지를 않는다. 아들은 고등학교 때까지는 가끔씩 공부 마치면 목장을 해 볼까 하는 이야기를 하곤 했는데 이제는 목장을 하겠다는 이야기가 쏙 들어갔다.

후계자 문제는 중요한 농촌문제가 되어 버린 지가 오래고 그것은 유럽이나 다른 선진국들의 농촌도 마찬가지였다. 우리가 보기에 꿈같은 너른 땅에 잘 정돈되고 몇 백 년 된 가옥을 전통으로 보존하면서 긍지 있게 살아가는 독일은 정말 농촌에 살만하겠다 싶은데도 후계자 문제는 심각했다. 작년에 독일의 목장에서 만난 아낙은 다행히 자신의 아들은 목장을 하겠다고 하지만 결혼이 걱정이라며, 우리 일행 중에서 자기 며느릿감을 고르면 좋겠다고 해서 한바탕 웃었다. 체구가 작은 동양인이라 터무니없이 앳되게 본 것이었다.

독일 바이에른 지방의 목장을 방문했을 때 사내아이가 둘인 젊은 부부는, 남편이 스키강사와 목수를 겸하고 아내는 목장을 하며 자신의 집을 작은 펜션으로 운영하고 있었다. 대부분 유럽의 농가는 겸업을 하는 곳이 많은 모양이다. 그야말로 저 푸른 초원 위의 그림 같은 집에서 펜션을 하고 소소한 가공품들을 만들어 팔고 정부 보조금 받고 그렇게 사는 유럽의 농민들.

농촌은 어디든지 후계자들이 없어서 고민들을 하고 '농가에서의 휴양'이 농촌경제의 한 분야를 톡톡히 담당하고 있기에 농업학교에서는 호텔경영이 이수 과목으로 들어 있다. 독일에서 농촌관광을 '농가에서의 휴양'이라고 하는 이유는 관광이란 개념을 단순히 보며 지나간다는 의미로 해석하기 때문이라고 한다.

이젠 보여주는 목장, 보여주는 농촌뿐만 아니라 휴양지로서의 역할까지 해야 한다.

도시민에게 보여주는 농촌에서의 삶이, 보이는 그대로 넉넉하고 평화로워서 젊은이들이 들어 와서 마음 놓고 살 수 있게 되면 얼마나 좋을까!

집에 돌아와 어스름할 때까지 새로 사온 꽃들을 심는다. 잘 가꾸어진 목장은 일의 능률도 오르고 스스로에게도 만족을 주기 때문에 할 수만 있다면 아름답게 가꾸고 싶다. 아름다운 목장, 청결한 목장을 만들기 위해 이렇게 수고하는 노력들이 결실을 맺어, 젊은이들이 서로 목장을 하겠다고 나서고 소를 키우겠다는 젊은이들을 넓은 품으로 받아들이는 날이 올 수 있으면 얼마나 좋을까.

열심히 일하고 열심히 가꾸는 삶을 통해 자족하면서 풍요롭게 살 수 있는 농부들의 삶이 정녕 꿈이 아니면 좋겠다. 장수시대에 농업, 농촌은 분명히 한 번 뜰 날이 올 거라는 어느 분의 이야기를 철석같이 믿고 싶다.

얘들아, 놀자!

제법 그늘이 드리우는 겹 벚꽃 나무 밑에 작년에 쓰던 그릴을 꺼내 먼지를 털어 철망을 올려놓고 번개탄에 불을 붙여 삼겹살을 굽는다. 드럼통을 반으로 갈라 만든 그릴은 고기 기름이 쏙 빠지게 하고 맛을 두 배로 좋게 만드는 요술사다. 묵은지를 꺼내 대가리를 툭 쳐서 쭉쭉 찢어 놓고 상추도 좀 뜯어다 쌈을 싸서 먹는데 자꾸만 꽃잎이 쌈 위로 내려앉는다.

이렇게 밖에서 밥을 먹을 수 있는 계절에는 손님이 와도 큰 걱정 없이 끼니를 대접할 수가 있다. 고기나 두어 근 사다가 불에 굽고 쌈은 밭에서 뜯고 밥만 해서 먹으면 된다. 처음 새댁 때 이곳에 이사 오니까 밭에서 일하던 동네 어른들이 밥은 울타리 밑에라도 가서 먹으면 맛이 있는 거라며, 길 가는 나를 붙잡아 앉혀 놓고 수저를 일복에 쓱쓱 문질러 손에 들려주었다. 정말 별 반찬 없어도 밥맛은 꿀맛이었다.

바람이 살랑거리는 이런 늦봄 깨끗한 마당에 앉아 나뭇잎들이 맑은 햇살에 연둣빛이 영글어 가는 정취를 느끼는 마음은 그저 한가롭기만 하다.

점심을 먹고 커피를 한잔 들고서 목장으로 올라갔다. 한쪽에서는 새김질을 하고 있고 또 사료 먹는 녀석도 있고 멀거니 앉아 있는 애들도 있다. "얘들아, 놀자!" 운동장에 들어가서 슬금슬금 녀석들에게 장난을 걸며 새김질 하는 것도 보고 똥도 보면 소들의 건강상태를 짐작해 볼 수가 있다. 말 못하는 녀석들이니 알아서 챙겨주는 수밖에 없다.

등 언저리가 묵직하다 싶은 것이 누군가 와서 장난을 거는 모양이다. 초보 엄마 하영이는 늘 조용하고 젖도 잘 내는 아주 예쁜 소인데, 사람을 보면 다가와서 옷을 슬그머니 잡아당겨 보기도 하고 핥기도 하며 아는 척을 한다. 동물을 키우다 보면 더 예쁜 게 있기 마련이다. 일단 사람이나 짐승이나 너무 나대는 것보다는 좀 조용한 편이 마음에 끌리는 것 같다. 하영이는 조용하면서도 명랑하고 젖도 잘 내고 사람 신경 쓸 것 없이 아주 예쁘다. 땡칠(77번)이도 얼마나 순한지 이놈이 와서 괜히 건드려 보고 저놈도 와서 건드려도 언제나 별 반응이 없이 조용하다. 가서 슬그머니 엉덩이를 들이밀어 너른 등판에 걸터앉을라치면 일어날 듯이 한 두어 번 들썩이다 그냥 포기하고 물끄러미 바라보는 모습에 웃음이 난다.

커피를 한 모금 마시며 이 녀석들 노는 것을 구경하며 앉아있는 녀석들을 쓰다듬으면 재빠르게 다가와서 시샘을 하는 놈들이 있다. 괜히 와서 건들고 그래도 관심을 안 보이면 슬그머니 밀어 보기도 한다. 그러다 보면 어느새 주위에 서너 마리가 둘러싼다.

'잔디'가 궁금해서 못 참겠다는 듯 커피 잔에 혀를 날름대더니 결국 한 모금 남은 커피를 쏟게 만들어서 꿀밤을 맞고 말았다.

"저런! 아니 저 녀석이…."

달래가 앉아서 쉬는 노을이를 기어코 일으키고야 만다.

그 자리에 자기가 앉을 것도 아니면서 참 심술맞다. 노을이는 젖도 잘 내고 성품도 착한데 다리도 길고 생긴 것이 꼭 당나귀를 닮아 볼 때마다 좀 우습다. 노을이나 하영이는 그냥 다른 소들보다 더 예쁘다.

갑자기 소들이 한쪽으로 우르르 몰려간다. 발을 다친 산비둘기가 운동장가에 불시착을 한 모양이다. 이 겁 많은 녀석들은 비둘기가 푸드득거릴 때마다 그 큰 몸을 움찔하며 눈은 더 커진다. 얼마나 다쳤나 보려고 다가가니까 기를 쓰고 운동장을 빠져나간다. 볕 좋은 곳에 앉아있던 래머(글래머의 줄임말)가 기지개를 켜면서 하품을 한다.

"아이고, 무슨 걱정이냐? 할일이 있나, 졸리면 자려무나" 하면서 운동장을 나오는데 아까보다 나무 그림자가 더 길어진 것 같다.

우유는 사랑이라구요

화이트보드에 "우유는 사랑입니다"를 쓰면서 마음이 아팠다.

배달된 채로 고스란히 텅 빈 교실에서 하룻밤을 보낸 우유가 두개나 되었기 때문이다. 하나는 창가에 또 하나는 빈 우유곽 속에 섞여져서 말이다. 우리 동네 초등학교 분교는 한 학년에 학생이 여남은 남짓한데 선거 때는 투표소로 개방이 되는 곳이다.

4·30 보궐선거가 치러지는 날, 선거관리위원인 나는 새벽부터 밤까지 그곳에 있으면서 하루 종일 버려진 우유에 대해서 무어라 쓸까 하다가 결국은 "우유는 사랑입니다"라는 말밖에 쓸 수가

없었다.

5학년 교실인 그곳에는 일기를 쓰는 것에 대해서 학생 개인의 스티커를 붙이면서 일기쓰기를 권장하고 있었다. '하자하자'라는 코너에는 '한자를 200자 이상 외우기', '책을 100권 이상 읽기', '영어단어를 날마다 외우기' 등 여러 가지로 아이들이 꼭 해야 할 일에 대해서 적어놓고 아주 아기자기하게 교실도 예쁘게 꾸며놓았다. 그러나 '음식을 어떻게 해야 한다' 라든가 '자기보다 못한 사람에 대해서 어떻게 도와주어야 한다'는 등의 문구는 없었다.

학교우유급식에 관한 회의에 가끔씩 생산자 대표로 참석을 하게 되는데 그 회의만 다녀오면 종종 가슴에 바윗돌이 얹힌 듯 막막하고 답답한 심경이 된다. 학부모대표들이나 교육에 관련된 곳에서 나오신 분들이 이렇게 우유를 버리는 학생이 많은 상황에서 학교우유 의무급식을 철폐하고 학생에게 자율권을 줘야한다고 말하는 경우를 가끔 보게 되기 때문이다.

심지어는 학교우유급식이 낙농가를 돕기 위한 것이라고 말하는 경우도 있다. 국가의 장래를 위한 가장 확실한 투자는 아이들에게 우유를 먹이는 일이라고 한 윈스턴 처칠경의 말을 빌릴 필요도 없이, 가장 저렴한 가격으로 성장기 어린이의 영양균형을 맞추기 위해서는 우유밖에 없다고 영양사들은 말한다.

아이들에게 우유를 먹이는 것은 단맛에 길들여져 있는 어린이들에게 자연의 입맛을 찾아주는 일이고 신선식품의 가치를 일깨우는 일인데도, 먹을 것을 선택할 아이들의 자유를 존중해야 하고 우유를 버린다는 이유를 들어 우유급식에 반대의견을 표시하는 것은 슬픈 일이다.

교육이란 것이 무엇인가? 음식을 소중히 여기고 그 음식을 만들어 내기 위해 수고한 사람들의 노고를 생각하며 감사하는 마음으로 먹어야 되는 것이 아닌가? 나는 그럴 때 우리가 새벽에 일어나 젖을 짜서 나름대로 국민건강에 일조를 한다는 일에 대해서 긍지를 가진 내 자신이 덧없이 초라하게 느껴진다.

예전에 우리 아버지께서는 반찬 투정하는 것을 절대로 용서하지 않으셨다. 게다가 밥그릇에 밥풀 하나라도 붙어 있으면 불호령이 떨어졌다. 농민들의 땀방울이 알알이 맺힌 곡식을 함부로 하는 것을 용서하지 않으셨고, 초근목피로 어렵게 연명하던 때를 생각해서 무엇이든 감사히 먹어야 한다는 것이었다. 우리 형제들은 아무도 밥그릇에 밥풀을 남기지 않았고 그것은 우리 아이들도 마찬가지이다. 그것이 밥상머리교육이 아닌가? 그런 이야기를 하면서 목에서 어떤 서글픔이 차오르는 것을 간신히 삼킨다. 먹을 것 소중한 것도 못 가르치는 우리 어른들이 어떻게 아이들이 올바르게 자라기를 바랄 것인가?

학교우유급식은 전체 우유소비량의 6%를 차지할 뿐이고 영국에서는 우유를 먹기 전에 '허쉬'를 한다고 한다. 허쉬란 우유를 먹기 전에 눈을 감고 우유를 생산한 농민들에게 감사하고 암환자를 위해서 기도하는 일종의 운동이라는 영국어린이들의 이야기를 전하면서 우리 관계자들은 마음이 착잡했다.

정 못 먹을 상황이면 잘 간수했다 집에라도 가져가야 하는데, '우유는 소중한 음식입니다. 우유를 버리지 마셨으면 합니다. 우유를 여러분한테 드리기 위해서 얼마나 많은 사람들이 새벽부터 고생하는지 모릅니다. 먹을 것이 없어서 굶는 어린이도 많은데 음식을 버리는 것은 죄랍니다' 라고 쓸까 말까 몇 번을 망설이다 그냥 '우유는 사랑입니다' 라는 말만을 쓰며 선생님도 아이들도 그 속에 담긴 깊은 뜻을 받아들이기를 간절히 빌어보았다.

"선생님, 그리고 어린이들! 우유는 사랑입니다. 우유는 사랑이라구요."

취직 단상斷想

최종면접에 합격하여 출근하라는 통지를 받았다며 큰 애가 보낸 문자메시지가 우리 부부에게 동시에 날아들었다.

'우리 딸이 취직을 했구나!'

우리 아이가 벌써 자라서 돈을 벌어야 하는 때가 왔다는 것이 대견스럽기도 하고 한편 안쓰럽기도 했다. 일 년 동안 교환학생으로 나가 있다 돌아와 보니 국내 취업상황에 감이 잘 잡히지도 않고 무엇을 할지도 모르는 모양이었다.

일단 어지간한 곳에서 경험을 다양하게 하는 의미에서 최대한 자신의 생각을 정리해서 결정하라는 말만 해주고 남편과 나는 일체 아이 일에 간섭하지 않기로 했다.

교환대학에서 학점처리가 늦어져 졸업은 못 했지만 공부를 다 마친 아이는 귀국한 지 열흘도 채 되지 않아 조바심을 내며 이력서를 내더니 작은 회사에 취직을 한 모양이었다. 일어가 전공인 큰 아이는 취직의 기준을 일본어를 얼마나 많이 사용하는가에 두었는데 회사 내에서는 일본어만 사용해야 한다며 만족해 했다.

사회에 건실한 뿌리를 내리기 위해 낯선 것에 도전한다는 것은 어려운 일임에 틀림없지만 난 아이의 도전이 많이 부러웠다. 자신의 선택에 의해서 직업을 갖고 돈을 벌어 보지 못했다는 사실은 생각할수록 인생에서 가장 아쉬운 부분으로 남아있다.

부모님께서 이른 결혼을 반대하셨던 이유도 일을 해서 무언가를 성취해야 한다는 것이었다. 실제로 아버지는 둘째 아이를 낳은 후에도 대학원에 진학할 것을 은근히 종용하시곤 했었다. 하지만 그 때 내게 사회적 성취를 위해 뭔가 한다는 것은 아득하고 막연한 일이었다. 이런 나의 무기력함이 인생에서 많은 시간과 기회를 잃은 것이라는 것을 깨달은 것은 역설적이게도 목장 일에 매달리면서부터였다.

평생직장으로서 아무 망설임 없이 남편을 택했고 남편의 목장에서 소들이 벌어 주는 돈은, 밀리는 통근버스에 시달리며 부른 배를 안고 직장에 나가지 않아도 되게 만드는 아주 고마운 존재라고 생각한 적도 있었다. 그런 의미에서 참 행복했다. 서예를 하고 학교 다닐 때 못 봤던 책도 실컷 보고, 가톨릭 대학에 철학 강의를 들으러 다니기도 했다. 남편이 돈은 먼저 쓰는 사람이 임자라고 했다. 도대체 아등바등 할 이유가 없었다. 아이들은 예쁘게 자라 주었고 밋밋한 평화는 내게 삶에 안주해도 된다고 꼬드기는 듯 했다. 그러나 외환위기 이후 우리는 불가피하게 인생의 궤도수정을 해야 했다. 제대로 한 번 낙농에 멋진 승부를 걸어보기로 했다.

돈이라고는 써 보기만 했지 벌어 본 경험도 없고, 서당 개 십팔년이면 풍월을 여섯 번은 읊어야 하는데 풍월은커녕 가나다라도 제대로 모르니 막막하고 한심하기만 했다. 그러나 너무 모르니까 오히려 두려움 없이 도전하기가 쉬웠다.

목장을 신축하면서 남편 대신 참여했던 1999년 7월의 낙농관련 세미나는 내 인생을 뒤바꿔 버릴 정도의 강렬하고도 충격적인 경험이었다. 주저함 없이 내 인생의 후반기는 낙농에 바치기로 했다.

"나는 반드시 저 자리에 설 것이다. 저들 앞에서 나의 성공신화를 이야기 할 것이다."

200석이 넘는 농협안성교육원 대강당의 무대에 서는 날을 5년

이내로 잡고 돌아오던 날, 흥분해서 잠을 이룰 수가 없었다.

그날부터 열정적인 목부로 거듭나기 위해 무엇이든 했다.

'하면 된다'라는 낡은 옛날 집 한구석에 걸려 있는 빛바랜 액자 속의 가훈 같은 진부한 그 말에 매달려 보기로 했다. '하면 된다'는 너무 당연해서 설득력이 없는 그 말에….

원래 진리란 설득력이 없는 법이니까. 아무 의심 없이 자신의 노력으로 무언가를 반드시 이룰 수 있다는 자신감은 날 프로 낙농인으로 거듭나게 했다. 드디어 취직을 했다는 말이다.

이력서도 면접도 어학실력도 필요 없이….

흑성산 자락의 갤러리에서

오랜만에 남편과 나들이를 나선 오월의 풍경은 다정하고 여유롭다. 경부고속도로 목천 톨게이트를 빠져나가 한참을 가서 도심에서 뚝 떨어진 N유업 천안 신공장에 도착한 시간은 11시가 막 지난 시간이었다. 독립기념관이 멀지 않은 곳에 있는 한적한 흑성산 자락에 자리한 신공장의 고즈넉함이 주는 평화는 공장방문이라기보다는 어디 소풍이라도 나온듯한 느낌을 준다. 사위는 고요한데 산을 깨우는 오월의 손길은 신록으로 더 정답고 영산홍이 만발해 겨울에 왔을 때보다도 훨씬 아름다운 풍경이다. 수위실에 공장장을 만나 뵈러 왔다고 말하고 차를 댔다.

해충을 방어하기 위해 첫 번째 문이 안 닫히면 두 번째 출입문이 열리지 않는 문부터가 남다르다. 공장 같지 않은 공장, 갤러리 분위기가 물씬 풍기는 로비에는 대형그림들과 널찍한 소파가 놓여있었다. '백조의 호수'가 잔잔하게 흐르는 1층 홀을 지나 2층으로 올라갔다. 정 장장님은 만날 때마다 공장장이라는 직함보다는 도회풍의 예술가 같은 면모를 풍기시는 분이다. 노트북을 통해서 회사를 알리는 자료를 자세히 설명하는데 우리 부부 둘이 듣기에는 미안할 정도로 설명에 열정적이다.

친환경적인 폐수처리장의 수질은 황금잉어가 자랄 정도여서 소양강댐 물보다 더 깨끗하다고 한다. 문화적 향기가 가득한 건물 내에는 공간마다 그림이 걸리고 여직원들이 손수 꽂은 꽃꽂이가 놓여있어, 들고 간 장미 꽃바구니가 어색하게 느껴졌다.

요즘엔 무엇이든 직접적인 표현보다는 우회적이고 은유적인 방식으로 접근해서 거침없이 소비자들의 사고전환을 유도하는데, 친환경적이고 깨끗한 웰빙 음식 '우유'를 담아내기 위한 방법의 일환으로 '담배 연기 없는 공장'이라는 캐치프레이즈를 내걸고 금연 캠페인을 벌이는 중이라고 한다. 게시판에는 아직도 금연에 성공하지 못한 두 명의 직원들 사진이 걸려있지만 이들도 머지않아 금연에 성공할 거라고 하면서 웃는다. 드나들기 위해서는 일일이 다 문을 열고 소독 절차를 거쳐야 하기 때문에, 담배 한 대 피우기 위해 걸리는 시간은 최소한 15분 이상이 걸린다고 하니 귀찮아서라도 끊어야겠다는 생각들을 한다고 했다. 장장님의 가슴에는 '금연후견인'이라고 쓰여진 표찰이 달려있어 청정공장의 이미지를 강조하는 노력이 애교 있게 다가온다.

거의 모든 작업라인이 무인자동화 된 세계 최고 수준의 시설은 외국에서도 견학을 오고 어느 때든지 원하는 사람은 다 공장견학이 가능하다고 했다. 우유의 제품화 전(全) 공정을 수치로 확인할 수 있는 정밀한 컴퓨터시설이 작업장마다 설치되어 있고, 작업장 내의 공기조차도 3중 필터 방식에 의해 걸러서 공급할 정도로 청결을 중요시 하고 있었다. 대부분의 견학생들은 유리벽을 통해서 제품화과정을 볼 수 있지만, 우리는 특별히 직접 위생복을 입고 여러 차례의 까다로운 소독 절차를 거쳐 장장님의 안내와 설명을 들으며 공정 하나하나를 보았다.

우리가 아침에 짠 우유가 공장에 도착해서 불과 서너 시간이면 포장이 되어 냉장차에 실려 소비자에게 간다고 하니 신선한 고품질의 우유를 공급하기 위해서 얼마나 많은 사람들의 노력이 필요한지 새삼 깨달았다. 문득 아침에 우리가 목장에서 짜 내놓은 우유보다 이 우유가 더 신선할 것 같다는 착각이 들 정도로 공정은 완벽하고 신속했다. 까다롭기로 유명한 항생제검사와 체세포, 세

균수 검사과정에 대한 설명도 들었다.

명예로운 세계일류를 향하는 사업장을 일구기 위해 노력한다는 열정적인 그의 손길은 주차장 옆 공터에 심어진 철 늦은 유채를 보면서 실감이 났다. 내한성 작물인 유채가 여름에도 노란 꽃을 피울지 염려가 되지만 장장님의 기대를 저버리지 않고 활짝 피어났으면 하고 바랐다.

이곳이 가장 아름다울 때가 언제인지 물었더니 눈이 하얗게 쌓인 겨울이란다. 흰 눈에 여러 색의 빛을 쏘아 퍼포먼스를 하고 싶다고, 그렇게 하면 우유의 청결이미지와 잘 맞아떨어질 거라고 말하며 수줍게 웃는다. 맛나게 갓 볶아낸 커피에다 우유를 넣어서 만든 커피우유를 선물로 받아 들고 돌아오면서 바쁜 여러 가지 일정을 뒤로 제치고 공장 방문하길 정말 잘했다고 생각했다.

우리가 할 일은 분명하다. 고품질의 우유를 생산하기 위한 끊임없는 노력, 아름다운 목장을 가꾸기 위한 노력만이 명예로운 낙농인이 되는 길임을….

우리 목장의 우유가 이 갤러리 같은 흑성산 자락의 최첨단 공장에서 포장되어 소비자에게 간다고 생각하니 가슴이 뿌듯했다.

돌아오는 길, 해가 기우는 흑성산의 연둣빛 향연은 싱그러운 여름을 향해 나긋나긋 펼쳐지고 있었다.

2장

그 해 여름은

홀스타인 이야기

내가 실제로 얼룩송아지를 처음 본 것은 이십여 년 전 남편을 만나고 나서였다. 흰 티셔츠에 청바지를 입고 선글라스를 낀 잇속 고르고 미소가 환한 남자가 차 안에서 큰 소리로 나를 불렀다.

낯선 곳에 내려 두리번거리는 나를 먼저 발견하였던 것이다. 어느 정도 마음에 결심이 선 것을 확신했는지 일요일에 목장으로 초대를 했다.

막 여름이 시작되는 어느 화창한 일요일에 찾아 간 남편의 목장에는 정말 사진에서만 본 얼룩소들이 있었다. 밝은 햇살 아래 소들은 여유 있게 새김질을 하고 있었고, 희한하게도 붉은 얼룩무늬를 가진 소(레드 홀스타인)도 있었는데 새끼를 여러 번 낳은 목장의 기둥소라고 했다.

도시에 인접한 마을이었지만 시골의 정취도 남아있고 참 평화로운 풍경이었다. 그는 무언가 일을 했는데 이마에서 땀이 흘렀고 난 그 모습에서 강한 인상을 받았다. 그때 거기서 무엇을 했는지는 다 잊었지만, 시리도록 푸른 하늘과 강렬한 태양이 어리비치던 세숫대야의 물을 들여다보며 그 정경을 깰 수가 없어 한동안 손을 씻지 못했던 그날의 느낌은 한 폭의 그림처럼 그렇게 마음에 남아 있다.

우리는 얼마 후에 결혼을 했다. 난 단순히 남편의 아내가 됨으로 해서 젖소와 인연을 맺은 사람이다. 얼룩소들이 한가롭게 방목장을 왔다 갔다 하는 길에는 도토리나 알밤이 지천으로 떨어져 소발자국 속에 들어있기도 하고 봄에는 취와 산도라지가 눈을 조금만 돌리면 있었다. 젖소들은 내가 사는 환경의 일부였고 또 생활이었다.

"송아지 송아지 얼룩 송아지 두 귀가 얼룩 귀 귀가 닮았네."

이 노래는 유명한 동요 '송아지'의 2절인데 젖소 귀는 정말 얼룩귀인가? 대부분 소는 몸에는 얼룩무늬가 있어도 귀는 검은 것이 보통이다. 간혹 얼룩이라기보다는 검은 귀에 흰 털이 좀 섞인 것이 있기는 한데, 그것은 소의 몸에 흰색이 대부분일 때 나타나는 현상이지만 거의 검다고 보는 것이 맞다. 얼굴에 흰점이 많아도 귀가 검다는 것은 젖소를 한 이십 년쯤 본 뒤에 안 것이다. 소의 얼룩무늬는 한 마리도 같질 않고 얼굴 또한 다 다르다.

우리가 흔히 말하는 얼룩소는 '홀스타인'종이다.

홀스타인은 라인강 하구에 위치한 네덜란드의 서프리슬라트주로부터 독일의 홀스타인주에 걸친 비옥한 초지가 원산지로서 우유생산능력이 높아 전 세계에 널리 퍼진 대표적인 젖소의 품종이다.

일본에 갔을 때 보았던 '저지'는 눈은 사슴 같고 약간 누런 밤색에 검은 빛이 도는 체구가 작은 예쁜 소였다. 독일에 가서 보았던 '브라운 스위스'는 인심 좋고 후덕한 부잣집 맏며느리처럼 육덕이 좋은 회백 빛이 감도는 편안한 인상으로 늘 얼룩소만 보던 내게 그것은 상당히 이국적으로 보였다. 유럽에서는 브라운 스위스를 식육용과 착유용으로 기른다고 했다. 그밖에도 젖소의 종류는 에어셔, 건지 등이 있지만 전 세계적으로 가장 많이 키우는 소는 홀스타인이라고 한다.

암송아지가 태어나면 이름을 짓고 얼굴과 몸이 다 드러나게 사진을 찍는다. 태어난 날과 부계와 모계의 혈통에 관한 자료를 제대로 제시해야 비로소 혈통등록우로서 인정을 받게 된다. 여기서 홀스타인으로 혈통등록을 하려면 외모적인 요건을 갖추어야 하는데 바로 '육백(六白)'이다. 즉 대부분 몸이 검어도 발 네 개와 배 그리고 꼬리 끝 부분, 이 여섯 군데가 희지 않으면 홀스타인이라고 보질 않는다.

우리 목장에서 젖소등록을 할 때 9호 소는 꼬리부분을 제외하고는 해당하는 곳에 모두 흰 털이 나 있었고, 꼬리 부분도 흰색 털이 섞여있었지만 몇 번의 검토 끝에 완벽한 흰색이 아니라서 잡종 판결을 받은 적이 있다.

또한 필수요건은 아니지만 검은 소들도 얼굴에 흰점이 있는 경우가 대부분이다. 이런 것을 보면 흰색과 검은색으로 천(千)의 얼룩이 탄생하는 가운데서도 일정한 질서가 있다는 것은 완벽한 신의 영역으로서 경이롭기만 하다.

얼룩이를 처음 보는 사람들은 소들을 잘 구별하지 못한다. 얼룩거리는 것이 다 같아 보인다는 것이다. 그러나 얼룩이도 얼굴 모양은 물론 성격도 다 다르다는 것은 사람과 별반 다를 게 없다.

게비와 투투경卿

'슈퍼젖소 등극'이라는 제하의 다음 기사는 2005년 3월24일 YTN의 방영내용이다.

"화제의 주인공은 경기도 용인의 한 목장에 있는 젖소입니다. 올해 열네 살로, 사람으로 치면 칠십대 고령에 해당합니다.… <중략>…지금까지 생산한 우유를 이백 밀리리터 포장우유로 계산하면 육십만 개로 이억 원어치나 됩니다. 젖소 가격이 이백만 원 정도인 점을 감안하면 자기 몸값의 백배 가량의 수익을 낸 셈 입니다."

게비(이 젖소의 이름)에 대한 이런 기사를 접하면서 22호 소가 떠올랐다.

젖소에게 존경하는 마음이 든다면 믿을 수 있을까?

검은 소 22호는 내가 존경심을 품었던 소였다. '투투경(卿)'이라는 닉네임을 붙일 정도로 신뢰와 믿음을 주었던 그녀는 아파서 죽었다. 그녀는 갈빛이 도는 검은색 소였고 머리에는 구부러진 뿔이 있었지만 그 뿔로 누군가에게 머리를 들이대지도, 위협하지도 않았다. 800kg이 넘는 커다란 몸으로 언제나 조용하고 느릿느릿 움직였고, 천지분간 못하는 하룻강아지들이 까불며 다른 소들을 위협하다가도 투투경과 마주치면 슬그머니 기세가 꺾였던 적이 한두 번이 아니다. 그녀는 그냥 그런 소들과 마주치면 조용히 고개를 돌려 바라보기만 했을 뿐이다. 서둘러 피하지도 않았고 그렇다고 무시하지도 않았다. 사람과 마주치면 그냥 약간 비켜서기만 했다. 소들은 용케도 그런 품성을 간파하고 그녀 앞에서는 까불질 못했고 그 품위에 기세가 눌렸다. 우유도 참 많이 나왔다. 늦은 밤 축사를 둘러보러 나가면 채식장 한 켠 어둑한 곳에서 소리 없이 사료를 먹곤 했었다. 젖소로서의 본분을 다하기 위해 능력껏 우유를 내고 그것을 위해 그녀는 참 성실하게 많이 먹었다. 늦은 밤 컴

컴한 우사에서 말없이 사료를 먹는 그녀를 한참씩 바라보곤 했는데 그럴 때마다 마음 깊은 곳에서 존경과 신뢰가 생겨났다. 털은 짧고 윤이 났으며 눈동자는 그윽하고 깊었다.

유일한 단점이 식성이 까다로운 것이었다. 비트펄프(사탕무우 부산물)를 특히 싫어해서 혀로 골라내고 다른 사료를 먹는데 하도 점잖은 녀석이 그러니까 그도 저도 다 용서가 되었다. 나는 나중에 투투경이 수(壽)를 다하고 죽으면 무덤을 만들어 줄 것이라고 생각을 했다. 그랬던 그녀가 너무 일찍 죽어서 마음을 아프게 했고 무덤을 만들지도 못했다.

아홉 살, 8년을 살았고 새끼를 다섯 번에 일곱 마리를 낳았다.

즉 4, 5산은 연거푸 쌍둥이를 낳았는데 분만간격이 채 1년이 되질 않아 건강이 악화되었다. 젖소는 쌍둥이를 낳으면 만수무강에 지장이 생긴다. 젖을 내느라 체력소모가 많은데다가 뱃속에서 두 마리의 새끼를 한꺼번에 키우느라 여러 가지로 영양불균형이 일어나기 때문이다. 목장에서 쌍둥이가 태어날 확률은 드문데 어찌 된 일인지 두 번을 내리 낳더니 자꾸 시름시름 앓았다. 위 속에 이물질이 차 있어서 수술을 해야 했다. 수의사는 마취를 한 후에 배를 절개해서 거무스름한 공같이 생긴 크고 작은 덩어리를 세 개나 끄집어냈다. 털을 포함한 이물질덩어리인데 드문드문 돌 같은 것도 섞여 있었다.

수술은 잘된 것 같아 생기도 나고 밥도 좀 먹는 듯 했지만 결국 그 후유증을 이기지 못하고 여러 날을 앓다가 운동장 한쪽에서 눈을 감았다.

8월이라 날도 덥고 한창 사일리지(사료작물을 짧게 썰어 생으로 사일로에 다져넣은 다음 젖산을 발효시켜 만든 저장사료)로 바쁜 때라 시간이 없어 그냥 매장을 하고 말았다. 그 이후에도 새록새록 생각이 났지만 사진도 한 장 변변하게 없는 것이 이래저래 아쉽기만 하다.

세월이 흘렀지만 '게비'같은 소를 보면 제일 먼저 우리 투투경 생각이 난다.

젖소에게도 우아함과 품위가 있다는 것을 가르쳐준 그녀가 그립다.

게비 주인은 게비를 일정한 때에 은퇴하게 해서 편안히 여생을 마치게 하겠다고 말했다. 나는 황사장님의 그 마음을 잘 안다.

세상은 그런 소들에 대해 경제적 잣대를 들이대지만 우리는 그것보다 훨씬 마음 깊은 곳에서 나누는 교감을 소중히 여기고 아주 각별한 신뢰를 느낀다.

그것은 마치 오랜 세월 주인에게 말없이 충직했던 종에게서 느끼는 감정 같은 것이다. 신분상으로는 종이었지만 때론 어머니, 아버지 같기도 하고 때로는 친구나 선생님 같기도 했던, 자신보다 자신을 더 잘 아는 분신 같은 늙은 종에게서 느끼는 그런 소중하면서도 편안한 감정을 지니고 있기 때문일 것이다.

광란의 밤이 전해준 말

광란의 밤이 지나고 다시 평화로운 햇살이 천지에 가득하다. 파란 하늘에 하얀 구름이 둥실 뜨고 바람까지 살랑살랑 부는 것이 영락없이 전형적인 초가을 날씨다. 나는 왠지 모를 배반감이 느껴졌다. 순식간에 나무가 통째로 뽑히고 전기와 통신이 두절되는 그 아수라장을 만든 하느님은 시침을 뚝 떼고 있는 듯했다.

"너희만 빠른 게 아니야, 나도 그래, 난 이제 더 이상 아픔을 견딜 수가 없다" 이렇게 말하는 듯 모든 것이 순식간에 망가져 버렸다. 아무리 생각해도 그건 정말 끔찍하고 무서운 밤이었다.

인간의 힘으로는 아무것도 할 수 없이 속수무책이었다. 목장의 대형 계량기가 벼락을 맞아 미친 듯이 휘몰아치는 비바람에 붉은 불길이 훨훨 타 올랐다. 급한 대로 빗물을 가지고 불을 끄고 나니 순식간에 어둠이 더욱 더 큰 무서움을 가져왔다. 번득이는 번개와 세상을 삼켜버릴 듯 으르렁대는 천둥은 사정없이 인간을 향해 저주를 퍼붓고 있는 것 같았다.

창이란 창은 광풍에 모든 빗줄기를 집으로 불러들여 단숨에 질펀하게 물바다를 만들어 버렸고 번개를 맞은 전화선도 변압기도 비명을 내질렀다. 수확을 목전에 둔 옥수수 밭은 섬광이 지날 때마다 방향을 잡지 못한 채 아무렇게나 내팽개쳐진 채 통곡했고, 마당 앞 상수리나무에서는 까치집이 통째로 떨어지고 있었다.

유난히 겁이 많은 소들은 숨도 제대로 못 쉬고 한편에 몰려 죽은 듯이 있었고, 우리들도 마른 침을 삼키며 어서 어서 하느님이 진노를 거두시기만을 기다리는 수밖에 없었다. 이삼십 분 광란의 시간이 지나고 비만 세차게 내렸다.

서둘러 휴대전화로 한국전력에 신고를 했다. 당장 저녁에 짜 놓은 우유를 냉장상태로 보관하는데 문제가 생겼다. 워낙 많은 지역에서 순식간에 일어난 일이라 복구반을 투입하려면 시간이 좀 걸린다고 했다.

자정 무렵이 되어 긴급 복구반은 나타났고 응급조치로 본선에 전기를 연결하고 나서야 불도 들어오고 물도 나왔다. 전기 없이는 한시도 살 수 없는 세상임을 다시 한 번 실감했다.

그나마 지난밤에는 중요한 곳의 전기스위치를 미리 내려놓았기에 그만 했지 만약에 그냥 벼락이 떨어졌더라면 목장의 대형 기계나 설비가 절단 났을 게 틀림없다.

요즘은 비가 내리기만 하면 천둥번개가 뒤따라온다. 예전에야 봄비나 가을비는 촉촉하게 내리고 한여름의 폭풍우에나 천둥번개가 치곤 했지만 이미 천둥은 먹구름 속에서 우는 그런 낭만적인 천둥이 아니다.

이제 하늘에서 뭉게구름을 보기란 쉬운 일이 아니다.

과도한 매연으로 인해 대기오염이 심각한 상태에 이르렀기 때문에 뭉게구름을 볼 수 없을 거라고 환경론자들은 이미 오래 전부터 경고해 왔다. 구름은 흐트러진 솜처럼 그렇게 보이는 것이 대부분이고 뭉게구름은 진짜 보기가 힘들다.

이십여 년 전 여기로 이사 올 때 큰 발전기를 사가지고 왔었다. 시골이라 한번 전기가 나가면 3일도 안 들어온다고 했다. 전기가 없으면 물도 쓸 수 없고 젖도 짤 수 없기 때문에 여간 큰일이 아니었다. 그때는 비만 오면 정전이 되었다. 귀가 달아날 듯 굉음을 내는 발전기를 돌린다는 것이 여간 일이 아니지만 젖을 짜다말고 중

단 할 수가 없어 그 불편함을 참아야만 했다. 어떤 경우에는 경운기 모터로 발전기를 대신 할 때도 있었다. 그러나 기술이 진보하면서 웬만하면 정전이 되지는 않지만 이제는 이런 천재지변이 예고도 없이 찾아온다.

환경은 위험수위로 망가져 지구촌 곳곳에서는 폭설과 대홍수가 끊임없이 일어나며, 쓰나미도 토네이도도 언제 들이닥쳐 인명이나 재산이 티끌처럼 순식간에 날아가 버릴지 알 수가 없다.

자동차 없이는 한시도 못사는 세상이 되어 버렸고 그 자동차에서 나오는 매연은 시시각각으로 환경을 망가뜨리니 이게 무슨 악순환인지 모르겠다.

친환경적인 삶이란 좀 가난하고 불편한 것을 기꺼이 감수하는 삶일 것이다.

모자란 듯 알뜰살뜰 살던 예전에는 소박함이 있어 참 좋았다. 나는 종이 한 장도 전기도 물도 아낄 수 있는 만큼 아낀다. 지금 아끼면 영원히 아끼는 것이니까.

보기 좋고 편안하며 풍족하고 쾌적함 뒤에 드리워진 우울한 미래의 자화상을 들여다보자. 이제는 광란의 밤이 전해준 하느님의 저 외로운 절규를 알아들어야 할 때가 아닐까? 가슴으로, 가슴으로 말이다. 더 늦기 전에….

그 해 여름은

경쟁력제고 사업에 선정 돼 정책자금 1억 원을 대출받아 5월초에 터 닦기부터 시작된 목장신축은 7월말에 완공단계에 이르렀다. 급한 대로 신축우사에 소를 옮겼다. 급작스런 환경변화에 적응하지 못하는 소들에게 우리가 할 수 있는 일은 최대한 충격을 적게 하는 길밖에 없었다. 목장에 들어 와서 일을 해 보니 목장일은 언젠가 봄에 옥수수 심으면서 느꼈던 그런 단조롭고 지루한 것이 아니라, 이론적인 바탕위에 확실하고 강도 높은 노동이 뒷받침 되어야 하는 종합적인 일이었다. 할일이 아주 많아 무슨 일부터 해야 할지를 몰랐다.

젖을 짜며

우선 가장 급한 일이 유질을 개선하는 일이었다.

우유품질을 높이는 일은 낙농인들의 가장 기본적인 의무인 동시에 소득과 직결되는 문제기도 했다. 일단 1등급우유를 만들기 위해서 체세포를 낮추는 일이 급했다. 체세포검사를 해서 엉기는 것은 모두 감수성검사 의뢰를 했고 체세포수가 높은 분방(유방을 젖꼭지 별로 나눈 단위)은 치료에 들어갔다. 여름 분만우가 많은데다 새로운 시스템 때문에 스트레스를 받고 거기다 고온 스트레스까지 겹쳐서 정말 말이 아니었다. 납유량은 450Kg인데 버리는 우유는 150kg이 넘었다. 처음에 우유를 버릴 때 영 가슴이 떨려서 버릴 수가 없었지만 독하게 맘먹고 버리기 시작하면서 1등급원유(체세포수 20만 이하)에 매달렸다.

텐덤 착유실에서 착유를 하다 보니 들어오는 곳이 일정치 않은 소 때문에 치료한 소들을 분리 착유해야 하는 문제로 착유실은 언제나 초긴장 상태였고 아무리 애를 써도 체세포가 20만 이하로 낮춰지지가 않았다. 그러다 우유를 버리는 사태가 발생했다. 깜빡하는 사이 치료 중인 소의 유방에 착유기를 대고 말았다. 너무 긴장을 해서 오히려 실수를 한 것이다.

이미 착유가 거의 끝나 가는데 이를 어쩌나. 착유기 스위치를 끄고 속절없이 한동안을 우두커니 서 있다가 둘이 눈길이 마주쳤다. 남편은 한숨을 내쉬더니 냉각기 밸브를 반대편으로 젖혀버렸다.

눈부시게 하얀 옥양목 홑이불이 바람에 펄럭이듯 흰 우유가 춤을 추며 쏟아졌다. 채 마르지도 않은 홑이불을 사이에 두고 동생이랑 숨바꼭질하다가 엄마에게 꾸중을 들었었지.

어질어질하고 속이 메스꺼웠다. 다리에 힘이 풀려 그대로 냉각기 앞에 주저앉아 두 다리를 뻗고 목 놓아 울고 말았다. 그간의 고달픔과 서러움을 한꺼번에 토해내듯 큰소리로 실컷 울었다. 남편은 먼 산을 보며 속수무책 담배만 피워댔다. 저기 쏟아져 버리는 저 우유 때문에 우리는 지금 이 고생을 하는 것이고 우리에게 우유는 목숨과도 같은 것이 아닌가?

실컷 울고 나니 냉각기는 텅 비고 우리는 착유기 세척을 다시 해서 나머지 젖을 짰다. 어찌나 허망한지 늦은 저녁을 먹는데 밥이 안 넘어갔다. 우유를 쏟아 버릴 때 생각을 하면 나는 언제나 눈물이 나온다. 돈을 몇 십만 원 잃어버렸다면 이렇게 두고두고 눈물이 나오지는 않을 게다.

사료회사 K사장이 오더니 유방염에 걸린 소를 별도로 분리해서 송아지와 함께 두면 송아지가 젖을 자주 빨아 유방염이 낫는다고 했다. 그래서 그렇게 했다. 또 어떤 사람은 아스피린을 먹이라고도 했고 하루에 두 번 짜는 소젖을 한두 번 더 짜주면 유방염이 낫는다고 해서 자다 일어나서 소젖을 짠 적도 있었다. 적어도 좋다는 것은 다 해 봤기 때문에 후회는 없다.

아무리 시행착오를 줄이려고 해도 결국은 우리 스스로 해보고 판단하는 수밖에 도리가 없었다.

게다가 세균도 언제나 1등급 B가 나왔는데 유방세척과 착유라인, 냉각기 세척과 하다못해 수질 검사까지 의뢰를 했는데도 도저히 방법을 찾을 수가 없었다. 나는 유방세척에 문제가 있는 것이 아닌가 생각하는 남편 눈치를 보느라 전전긍긍했다.

결국 착유기 점검 기술자를 교체해서 점검한 결과 세균은 착유기 세척 라인을 거꾸로 연결해 놓았기 때문이라는 결론이 나왔는데 이미 겨울이었다. 허무했다. 체세포는 이듬해 봄에 착유기를 전면 교체하고 나서야 비로소 해결이 되었다.

사료를 주며

젖소의 생리에 대해서 조금씩 눈을 뜨면서 우리를 괴롭혔던 것은 우리 소들이 많이 먹을 수가 없다는 점이었다. 많이 먹어야 우유를 많이 내는데 아무리 좋은 것을 주어도 많이 먹질 못했다. 그들의 체질을 바꾸기 위해 철저한 개체관리로 급여체계를 완전히 바꾸어 나가기 시작했다.

한 번에 주는 사료가 대개 열 가지쯤 되었다. 개체급여를 하기 위해서는 소를 다 일일이 스탄쳔에 묶어야 하는데, 겁이 많은 소는 먹이를 먹기 위해 목을 들이밀면 찰칵하고 잠기는 쇠 소리에 과민반응을 보이며 사료 먹기를 두려워했다. 소 옆에 들어가서 소를 들이려면 한 번에 최소한 10분 이상이 걸렸다. 한 번 밥을 주기 위해서는 45m 길이의 사료 조에 일륜차를 끌고 열다섯 번 이상을 왔다 갔다 해야 했다. 하루에도 몇 번씩 그렇게 사료를 주는데 대여섯 시간이 걸렸다. 손바닥에 못이 박히고 스타킹을 신을 수조차 없이 손은 거칠어졌다. 물론 스타킹을 신고 외출할 일도 없었지만….

그런데 이 녀석들이 얼마나 까다로운지 싫어하는 것 골라내기 선수다. 소는 마른 사료보다 축축한 것을 좋아하니까 싫어하는 사료들은 물에다 불려서 맛있는 것들과 섞어 주고 건초도 잘게 잘라서 물을 뿌려서 부드럽게 해서 먹이면 좀 더 먹었다. 수입은 적은데 아낌없이 소에게 투자를 하다 보니 어떤 때는 유대를 타서 이것저것 제하다 보면 달랑 11만원이 남았던 적도 있었다. 하지만 2년만 고생하면 되겠다는 신념이 있었기 때문에 앞으로 앞으로 전진하기만 했다. 그렇게 젖소 옆에서 먹는 것을 챙기다 보니까 그들의 생리에 대해 눈뜨는 속도도 빨라졌다.

축사는 120평 단위로 지어놓고 비 가림 시설을 하기 전이라 비가 올 때 사료를 주려면 일일이 다 물을 퍼내야 했다. 비도 유난히 많이 내리는데다 유명했던 '씨랜드 참사'로 준공기준이 까다로워져서 두 달이 지나도 준공이 떨어지질 않아 비 가림 시설을 할 수가 없었다. 내내 비를 맞으며 일을 하니까 나중에는 몸에 두드러기가 생기기도 했다.

우사를 신축하면서 한꺼번에 시스템을 바꾸고 능력검정사업에 참여하면서 서서히 완벽한 목부로 탈바꿈을 하기 시작했다. 어느 날인가 남편이 말했다.

"나 요즘 당신한테 제일 많이 듣는 소리가 뭔 줄 알아?"

"글쎄요, 뭐라고 그랬지?"

"아이고, 밥 있나 모르겠다야, 이 마누라야."

매일 소 앞에 붙어 앉아 소를 바라보는 것이 낙(樂)인 날 보고 그가 "밥 안 먹어?"하고 물으면 내 대답이 언제나 그렇다는 것이었다.

소를 바라보는 일은 아무리 바라봐도 그때나 지금이나 결코 싫증이 안 나는 일이다. 늦은 밤, 일을 다 끝내고 널찍한 우사 통로에 벌렁 드러누워 사료를 먹는 소를 바라보며 노래를 부르면 눈물이 주르르 볼을 타고 흘렀다.

'저기 떠나가는 배. 거친 바다 외로이, 겨울비에 젖은 돛에 가득 찬 바람을 안고서 언제 다시 오마는 허튼 맹세도 없이 봄날 꿈같이….'

기쁨인지 슬픔인지, 그리움인지 외로움인지 알 수 없는 내 인생.

아! 정말 내 인생에서 가장 순수하고 열정이 많았고 원도 한도 없이 일을 많이 한 때였다.

1999년, 그해 여름은….

나는 서울이 좋다

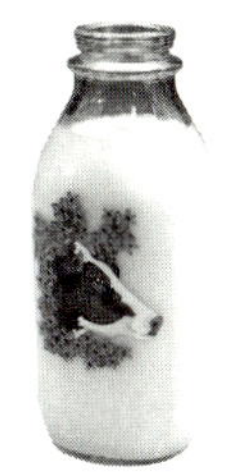

아직 사람들이 몰려들기 전 커피전문점의 한적함을 벗삼아 책을 읽는다.

이국의 향기 짙은 다갈색 공간에서 책을 읽으며 누군가를 기다린다는 것은 우리 인생을 충분히 아름답게 만드는 고도의 문화행위이다. 나처럼 한정된 틀에서 사는 사람에게 책 속에서 만나는 무한한 세상은 일상의 권태를 털어내고 새로운 마음의 영역을 만들어 내는데 좋은 길잡이가 된다.

나는 때로 이런 사치스러움에 젖어 있어도 되는가 하고 스스로에게 반문해 본다. 이건 분명히 사치다. 해거름에 이렇게 서울에 있다는 사실이 사치다.

해오름도 해넘이도 보지 못하는 것은 목장 하는 사람들에게는 지극히 당연한 일이다. 이것은 내 생활에 있어서 파격임이 분명하다.

얼마쯤 시간이 지났을까, 뒤에서 기척이 들리고 난 이내 보던 책을 접고 그와 함께 밖으로 나왔다. 그리고 걸었다. 정동극장을 지나고 시립미술관을 지나 덕수궁 돌담길을 걸어서 시내로 나가 저녁을 먹었다. 습관처럼 시계를 보며 생각한다.

'지금은 착유가 끝났을 시간, 집으로 내려와서 식사를 시작할 시간….'

이렇게 꼽아보며 서울에서 보내는 시간은 마디기만 하다. 집에서는 저녁만 먹으면 아홉시가 되는데 밥을 먹고 이야기를 하고 차를 마시면 아홉시가 되니 말이다.

찻집 샹들리에의 오렌지색 불빛 아래 울려 퍼지는 콘트라베이스의 영혼을 흔드는 음악을 들으며 뜨거운 차를 마셨다. 앞으로 해야 할 일들과 거기서 마주치는 고민들, 그리고 삶을 이야기 하고 사람들에 대해서 이야기했다. 이야기하면서 주변에 좋은 사람이 많다는 사실에 대해 안도하고 기뻐했다.

서울은 잠을 자지 않는 도시다. 밤이 깊어 갈수록 서울은 그 환상을 더한다. 찻집을 나와 또 걸었다. 시립미술관 벤치에 앉아 그

날의 이야기를 마무리 하면서 나는 내 마음속의 고민거리를 해야 할 일로 자리매김하며 그 특별하고 사치스런 외출을 정리했다.

명멸하는 차량의 불빛사이를 뚫고 달려와 집에 도착한 시간은 자정 무렵…. 그 아홉 시간 동안의 외출은 평범한 촌부를 특별한 사람으로 만들어 주었다.

서울은 언제나 특별한 곳이다. 그러므로 서울 나들이도 특별하다.

가뭄에 콩 나듯 한 번씩 전시회를 가는 곳도 서울이요, 그리운 이들을 만나는 곳도 서울이다. 고민거리를 한아름 안고 가서 풀어놓는 곳도 그곳이다. 더러 아이들 데리고 인사동 미술관을 기웃거리기도 하고 예전에는 조계사 앞의 필방에 가서 종이를 고르기도 했었다. 문화적으로 양(洋)의 동서(東西)가 혼재하고 세월에 갇혀버린 옛것과 현대 문명이 공존하는 곳, 보신각에서 눈부신 교보빌딩을 올려다보는 그 사이 어디로 산이 비집고 들어온다.

내게 특별한 서울이란 광화문을 중심으로 해서 서대문과 종로, 안국동, 인사동, 그리고 경복궁 그 언저리에 한정되어 있다.

다시 말하면 시댁이 있는 마포나 강남의 어느 곳, 혹은 다른 볼일이 있어 가는 곳은 서울로 느껴지지를 않는다는 것이다. 그것은 '볼 일'이라는 이름을 차단한 철저한 마음의 영역으로서 만나는 서울 그 어디를 일컫는다는 이야기이다.

사람의 마음속에는 거친 음식을 먹고 투박하게 살아도 아주 가끔씩 평소 먹는 밥값의 두세 배를 지불하는 차 한 잔을 마셔보고 싶은 허영과 사치가 한 구석에 존재하기 마련이다. 더러 그것을 통해 자기 존재를 확인하기도 한다.

내가 그렇게 하고 싶은 그 곳이 서울이다. 궁핍하지 않은 서울의 그 어디는 당당하고 기품 있다. 늦은 밤 잘 정돈된 서울 도심의 한복판에서 마주 친 중후한 불빛들이 굴절되는 크고 작은 건물들이 나와는 아무 상관없다는 사실이 순간 쓸쓸해지기도 한다.

부자들의 천국, 가난한 이들의 서러움이 열 배 백 배로 커지는 소비와 환락의 도시, 500년 도읍의 옛 문화가 살아 숨 쉬고 연일 막이 오르는 예술 장르들이 문화귀족들의 갈증을 풀어주는 곳.

계절이 바뀔 때면 광화문네거리에 가고 싶다. 그 휘황한 불빛에 젖어 광화문 연가를 부르고 싶다.

일상으로 돌아 온 내게 이제 서울나들이는 과거가 되어 버렸다. 아마도 낙엽이 지는 어느 날인가 일상에서 지치고 힘들 때, 나는 또 다시 그런 외출을 감행할 지도 모르겠다.

나는 서울이 정말 좋다.

(그러나 살고 싶지는 않다.)

누구 맘대로 잡초가 되어

생물이 부쩍부쩍 자라나는 계절이 되면 시골에서는 그저 여벌 손길이 다 잡초 뽑는 데로 가도 모자란다. 이놈들이 얼마나 왕성하게 잘 자라는지 조금만 두고 봤다가는 나간 집 같기 십상이다. 들며 나며 뽑고 또 뽑아도 한도 끝도 없다.

먼지가 풀풀 날리던 땅에 비가 지나고 나면 그 이튿날쯤이 풀 뽑기가 제일 좋다. 물기가 적당히 땅속으로 스며들어 흙이 보슬보슬해지기 때문이다. 햇살도 구름 속에 슬쩍 숨어버려 치장해도 못난 얼굴 탈까봐 걱정도 덜하고….

아침 먹은 것 대강 정리하고 수건 쓰고 작업복 입고 밖으로 나갔다. 축축한 땅에서는 물기를 머금어 한결 수월하게 뽑히는 잡초와 함께 달려 올라온 흙덩어리에서 어릴 적부터 익숙한 흙내음이 퍼진다. 흙은 만질 때마다 새롭다. 생명을 키워내고 사람들에게 근본을 제공해 주기 때문이다. 떨어진 씨앗을 오십 배 백 배로 자라게 하는 흙의 생명력은 잡초라고 예외는 아니다. 땅이 걸수록 잡초 또한 잘 자란다.

잡초를 보면 그 생명력과 번성함에 놀라움을 금치 못한다. 잡초는 어디다가 씨앗을 품었다가 그렇듯 줄기차게 싹들을 내보내는지, 그들의 줄기찬 생명력을 아픈 사람들에게 전해주면 얼마나 좋을까 생각을 해보기도 한다.

우리 집 뜰 앞에 한창인 마가렛은 여름에 들어서면서 내리는 비바람에 한 번씩 수난을 겪는다. 하늘하늘 순결한 하얀 꽃잎에 노란 술이 곱고 날씬한 마가렛은 웬만한 비바람에도 견디질 못하고 쓰러져 버리지만, 드문드문 섞여서 자취 없이 피어있던 망초대의 자잘한 흰 꽃은 꼿꼿한 채로 자신의 존재를 드러낸다. 마가렛의 수난에서 존재를 드러내는 망초는 봄에는 어린 싹을 나물로 먹기도 하지만 우리는 잡초라고 부른다.

이렇듯 잡초라고 부르는 것 이외에도 또 뽑혀야 할 운명에 있는 것들이 있다. 다름 아닌 제자리에 없는 꽃들이다. 한 송이씩 드문드문 다른 꽃들 속에 들어가 생뚱맞게 피어 있는 꽃들은 하는 수 없이 뽑아 낼 수밖에 없다. 꽃잔디 속에 핀 제비꽃, 비비추의 동글납작한 잎 속에 자리 잡은 꽃범의 꼬리의 길쭉한 이파리도 솎아내야 하고 붓꽃 속에서 자리 잡은 벌개미취도 뽑아내야 한다. 마땅히 옮겨 심을 곳을 못 찾으면 퇴비더미로 들어가야 하는 꽃의 운명을 보면서 공동체의 운명 속에 자리 잡아야 무난히 살아갈 수 있는 사람들을 생각해 본다. 있을 자리에 있어야만 생존이 가능하지만 엄밀히 따지면 있을 자리란 과연 무엇인가?

사람이 홀로 살아갈 수 없음은 자명한 사실인데 사람들에게 있을 자리라는 것은 여럿이 어우러지는 곳을 이름일 것이다. 꽃도 한 송이 피어 있는 것보다는 무리지어 피어 있는 것이 훨씬 더 아름답다. 그렇다고 해도 기어코 그걸 뽑아서 치우는 것은 잘하는 일인지 못하는 일인지 잘 모르겠다.

풀을 뽑으며 하염없는 상념에 빠져든다. 먼 옛날의 일들도 더듬어 보며 그 땐 왜 그렇게 생각했을까? 곰곰 생각해 보면 세상사 그렇게 옹이 박히게 살 필요는 없는 건데 하는 생각이 들기도 하고 더러 섭섭했던 이들에 대해 이해하는 마음이 들기도 한다. 손을 놀리는 대로 자리가 훤해지고 일한 보람이 금방 나타나는 것이 또한 김매기다.

한편으로 잡초는 철학적인 생각의 끈을 이어주는 문학의 소재이기도 하다. 그 불멸의 열정과 생명력은 가히 경탄할 만하다. 그렇다하더라도 잡초를 그냥 두고는 살 수 없는 것이 우리 현실이다. 부지런히, 부지런히 뽑는 수밖에. 김종태 시인은 뽑히는 것이 잡초의 섭리라고 말한다. 시인의 잡초는 당당하고 철학적이다. 우리는 그 잡초의 섭리를 위해 손길이 더욱 바쁘기만 하다. 잡초는 불멸의 화신, 잡초는 죽지 않는다, 다만 뽑혀서 사라져 갈 뿐이다.

어떤 가수는 잡초가 손이 없고 발이 없어서 님도 못 부르고 찾아가지도 못한다고 했지만 천만의 말씀이다. 잡초는 어디든지 간다. 하다못해 시멘트포장이 갈라진 그 비좁은 틈에도 뿌리를 내리니 말이다. 왜 잡초는 누구 맘대로 잡초가 되어 기어코 없어져야 되는 것인가. 뽑다뽑다 못 뽑으면 제초제라도 뿌려 없애버려야 할 것들. 없애려고 기를 쓰는 사람과 악착같이 사방팔방 뿌리를 내리고 존재를 드러내는 잡초와의 숨바꼭질은 서리가 내려 초록이 빛을 잃으면 막을 내린다. 그렇게 그악스런 잡초도 추위에는 백기를 들고 우리는 이듬해 봄까지 그들과의 끈질긴 전쟁에서 해방된다.

잡초는 치열하고 열정적이다.

잡초야, 너를 뽑으며 나는 또 다른 시인이 된다. ■

순하고 동그란 감옥

하얀 수송아지의 눈동자는 어쩐지 천길 물속처럼 자신을 감추고 있는 깊은 신비 같아 보였다. 푸르스름한 눈동자 저편의 멀고 깊은 신비가 바로 녀석이 볼 수 없는 장애라는 것을 안 것은 태어난 지 3일쯤 되고 나서였다.

등이 곧고 골격이 튼튼하고 잘생긴 송아지는 기척 없이 살그머니 젖병을 들고 가면 전혀 사람의 존재를 눈치 채지 못하는 것이었다. 송아지들이야 본능적으로 젖을 빨려고 하기 때문에 사람만 다가가면 달려들어 여기저기를 핥기 마련인데, 사람의 존재에도 무심하게 먼 곳만 응시하는 그것이 바로 볼 수 없는 그 애의 슬픔이란 것을….

보름쯤 키우다가 남편과 상의한 끝에 넓은 곳에서 수송아지만 따로 키우는 목장에 보냈다. 소도 아주 드물게 청맹과니가 태어나는데 어릴 적부터 환경을 많이 바꾸지 않고 무리지어 살게 하면 된다고 하였다. 그곳에서 얼마 동안 살던 송아지는 몹시 소나기가 쏟아지던 날 밤, 비를 맞으며 빗속에 서 있다가 병이 나서 그만 못 살고 갔다는 이야기를 한참 지난 뒤에 들었다. 이래저래 그 송아지는 볼 수 없는 눈 때문에 짙은 슬픔으로 남는다.

우리 딸애들은 소 눈을 한참 들여다보다가 한숨처럼 말했다. "니들은 누가 봐준다고 눈이 그렇게 쌍꺼풀도 크고 이쁘니? 그 눈 우리나 주지."

소 눈은 쌍꺼풀도 크고 속눈썹도 긴 것은 물론 눈동자가 까맣고 시원시원한 것이 어쩐지 슬퍼 보이고 그래서 더 아름답다. 그 크고 아름다운 눈 때문에 착해 보이고 겁이 많아 보이는데 실제로도 소는 겁이 많고 예민하다.

아이들은 그 아름다움을 부러워하고 시인은 말 못 하는 동물의 '순하고 동그란 감옥'이라 했지만, 난 그들의 눈을 바라보고 있으면 그 무심함이 그저 좋기만 하다.

사람은 눈을 통해서 감정의 대부분을 상대방에게 드러내게 된다. 자식을 바라보는 어머니의 애잔함 가득한 눈빛, 연인을 바라보는 그윽한 눈동자, 분노와 좌절의 눈빛, 음모를 꾸미는 자의 은밀하고도 불안정한 눈빛 등 우리는 얼핏 눈만 봐도 상대방을 파악하는데 큰 도움이 된다.

그러나 이 녀석들은 더 많이, 더 높이 욕심을 부리지 않는다. 배고프지 않게 밥 먹여 놓고 젖만 짜주면 우는 일조차 없다. 욕심이 없으니 두려움도 없을 것이다. 그저 소박하고 단순함으로 무심하게 큰 눈을 껌뻑이며 우리를 바라보곤 한다. 녀석들 눈에 비친 내 눈빛은 얼마나 따뜻하고 정직한지, 어머니로 아내로, 자식으로 또 이웃으로 얼마나 맑은 눈빛을 지니며 살고 있는 걸까 한 번씩 돌아보게 만든다.

소 눈만 보면 부러워하던 딸은 장학금을 손에 쥐던 지난해 겨울, 그걸 빌미로 기어코 큰 눈을 갖고자 했던 소망을 이루고야 말았다.

커다란 눈은 무언가 말하고 있는 듯한데
나에겐 알아들을 수 있는 귀가 없다.
소가 가진 말은 다 눈에 들어 있는 것 같다.

맑은 눈물처럼 떨어질 듯 그렁그렁 달려 있는데

몸 밖으로 나오는 길은 어디에도 없다.
마음이 한 움큼씩 뽑혀 나오도록 울어 보지만
말은 눈 속에서 꿈쩍도 하지 않는다.

수천 년 말을 가두어 두고
그저 끔벅거리고만 있는
오 그렇게도 순하고 동그란 감옥이여

⋮

— 김기택의 시 <소>에서

착유하다 남편 눈과 소 눈을 번갈아가며 뚫어지게 바라보니까 "아니, 이 사람이…" 하면서 의아해 한다.

아! 알았다. 남편 눈은 옆으로 갸름하게 생겼고, 소 눈은 검고 동그랗게 생겨서, 우리 남편보다 소가 더 착하게 보이는 거다.

소 한 마리

소 한 마리가 참 큰 재산일 때가 있었다.

코뚜레 꿰어 논밭 가는 일소로 부리기도 하고, 달구지를 매달아 울퉁불퉁한 시골길을 사람도 타고 다니고 물건도 싣고 다녔다. 절박한 사정으로 큰돈이 필요할 때 소 한 마리는 집안의 구세주였다.

아버지는 집 앞 텃논에다 시멘트 블록으로 돼지 막을 짓고 검은 돼지새끼를 사서 자루에 담아다 풀어놓으셨다. 처음 그렇게 모은 돼지가 수십 마리가 되었고 그 돼지 먹이를 위해 쌀겨를 사오셨다. 수돼지는 거세를 했다. 아버지의 근면성과 실험정신은 돼지 키우는 데서도 여지없이 발휘되었지만, 열심히 키운 돼지는 100

근이 넘게 나가도 새끼 값에도 훨씬 못 미쳐 몇 년을 해도 살림이 나아지기는커녕 빚만 늘었다.

양돈 실패로 집안 살림은 더 기울었고 한동안은 농사만 지으셨다. 그런데 농사만으로는 자식들을 도회지에서 공부시키기가 어려웠던지 다시 돼지 막을 소 막으로 고쳐 한우를 키우기 시작하셨다.

대학2학년 때 생활비가 떨어져 하는 수 없이 집엘 가니까 엄마 아버지는 아픈 소 옆에서 밤을 새우셨는지 눈은 충혈 되고 몰골이 말이 아니셨다. 엄마는 소가 급체 한 것 같다며 콩기름에다 마늘 찧은 것을 섞어 먹이시면서 울고 계셨다. 아무 소리도 못하고 되돌아 나오면서 다짐했다.

'나는 절대로 농촌에서는 살지 않을 것이다, 절대로.'

보리이삭이 패던 초여름 싱그런 하늘이 아득하고도 멀게만 보이고 왜 그렇게 세상에 대해 노여운 맘이 드는지 몰랐다.

어렸을 때 그맘때쯤 비가 내리려고 하면 밤새워 보리타작을 해야 했다. 어른 걸음으로도 삼십 분을 넘겨 걸어가야 하는 왕덕리 논에서 오밤중에 보리를 실어 오는 일은 정말 보통일이 아니었다. 그 어둔 밤 리어카를 끄는 아버지의 땀이 난 마른 어깨에 붙은 보리검불들을 보면서도 그랬고 들락거리는 비 때문에 베어서 줄가리 쳐 놓은 벼가 싹이 나기도 했던 가을, 타들어가는 아버지의 입술을 보면서도 '나는 절대 촌에 살지 않을 거야' 하면서 다짐을 하곤 했었다.

기껏 타작해 놓으면 농지세, 수세 내고 이자 갚고 나면 또 다시 빚을 내야했다. 그 속에서 꽤 여러 해 소를 키워 그래도 우리들 공부도 시키고 결혼도 시키셨다. 졸업하자마자 목장 하는 남편에게 시집간다고 하니까 아버지는 펄쩍 뛰셨다. 근근이 공부시켜 놓으니까 겨우(?) 목동에게 시집간다는 게 말이 안 된다고 하셨다.

아버지가 보시기에 당신 딸이 소 먹이는 데로 시집간다는 것이 못마땅하기만 하셨던 것 같다. 그러나 80년대 초반 목장은 그야말로 잘 나가던 때였다. 만삭인 소를 한 마리 팔면 새로 짓는 좋은 아파트를 두어 평은 살 수 있었을 때였으니까.

그런데 시집 온 지 삼 년이 지나면서 소 값이 폭락하기 시작하고 외국 도입소를 비싸게 사서 목장을 시작한 사람들이 빚더미에 올라앉게 되었다. 그렇게 곡절을 겪으며 살아 온 목장에서의 생활이 이십오 년이 되었다. 사만 호에 육박하던 낙농가는 이제 구천 호도 안 되게 줄어들고 소 한 마리는 중요한 재산목록이 아니다. 만삭이 된 초임소 한 마리 팔아야 사립대학 한 학기 등록금도 안 된다. 한때는 어미 소가 열 달 동안 뱃속에서 키운 송아지 한 마리가 애들 한 달 치 학원비 오만 원이 안 됐던 적도 있었다.

요즘 매스컴에선 한미 자유무역협정에 대한 협상개시 소식을 워싱턴 발(發)로 전하고 있다. 협상이 타결되면 제일 피해가 많은 부분이 농업부문, 그 중에서도 축산부문이 될 거라고 한다. 뒤숭숭하고 불안하다. 어떻게 해서든지 희망을 가지고 살려고 노력하는데 마음에 잔뜩 먹구름이 끼는 것을 어쩔 수가 없다.

호황도 있었고 불황도 있었지만 결코 우리 상황은 좋아지지 않을 것이다. 그렇다고 실망할 수는 없다.

'희망은 찾는 것이 아니라 만드는 것'이라고 믿으면 된다. 지지리도 가난해 끼니조차 어려웠던 '한강'시대 우리 부모님들도 이렇게 우리를 키워냈는데, 우리라고 못할 것이 무엇이 있을까. 죽어라고 열심히 사는 수밖에 별 도리가 없다.

몸이 건강하면 할 수 있는 데까지 하는 것이 정년이고, 사람들 틈바구니에서 시달리지 않아도 되고 맑은 공기 마시며 살 수 있는 것만도 감사한 일이다. 일할 곳이 없어 불행한 사람들이 넘치는 세상에 일을 할 수 있다는 것만으로도 감사하다. 또한 일 할 수 있는 것은 몸이 건강한 증거라고 믿으니 어찌 보면 아직도 소 한 마리가 사람들한테 재산이 된다고 믿는 것도 나쁘지는 않을 것 같다.

신화의 바다 하늘호수엔

신화의 바다 하늘호수엔 옛날이야기 같은 달이 뜨고 초롱거리는 작은 별들이 꿈을 꾸는 듯하다. 앞마당에 서서 왼편으로 살짝 고개를 돌려 능숙하게 별 일곱 개를 찾아 국자모양을 만들어 본다. 그런데 은하수는 어디로 사라져 버린 것일까.

제우스가 외도를 했다. 외도를 해서 낳은 아들 헤라클레스는 제우스의 아내 헤라의 분노를 피하기 위해 성 밖에 버려진다. 부정(父情)이 발동한 제우스는 굶어서 기진한 아들을 데려다 잠든 헤라의 젖을 물렸다. 힘껏 젖을 빠는 바람에 불편해진 헤라는 그만 잠이 깨고 말았다. 놀란 제우스가 급하게 물린 젖을 떼어내느라 솟구친 불멸의 젖이 하늘에 떨어져서 되었다는 은하수(milky way), 은하수를 본 기억은 아득하기만 하다. 이제 어렸을 적 저녁을 먹고 멍석에 누워 바라보던, 그토록 아련하고 잔잔했던 하늘의 강 은하수는 찾을 길이 없다. 습관처럼 우두커니 서서 멀리서 깜빡이며 하늘을 가로지르는 불빛을 한동안 바라본다.

사람들은 저 비행기를 타고 어디로 가는 걸까.

저 안에 탄 사람들의 사연은 얼마나 가지가지일까.

꿈을 이루기 위해 혹은 꿈을 이루고,

여행을 위해,

도피를 위해,

돈을 벌기 위해,

사랑을 위해,

잊어버리고 용서하기 위해,

다시는 못 돌아올지도, 못 돌아갈지도 모르는 사람.

이승의 인연으로는 다시 못 만날 사람을 남기고 떠나는 사람을 태웠을 지도 모르는 저 비행기는, 돌아오는 걸까 떠나가는 걸까.

난 왜 비행기를 보면 언제나 '떠남'을 생각하는 것일까.

예전에 외국여행이 꿈만 같던 시절, 한때는 어쩌면 나는 외국에

나가서 살 팔자인지도 모른다고 생각했던 적도 있었다. 그것은 아버지의 꿈에서 비롯된 것으로 아버지가 꾸신 태몽은 희한하게도 외국인, 하늘, 비행기, 시계 이런 것이 나오는 아주 이국적인 것이었다.

하늘이라고 했다. 어떤 외국인이 비행기 안에서 시계를 건네주는데 눈이 부셔서 눈을 제대로 뜰 수가 없더란다. 아버지는 그 시계를 마음속에 아주 소중히 간직했음은 두말 할 나위가 없다. 이담에 귀하게 될 거라는 근거 없는 아버지의 믿음 때문에 많이 시달리고 살아온 나는, 정말 성공해서 외국에서 살게 될지도 모른다는 생각을 했던 적이 있기 때문이다.

그러나 연휴면 줄줄이 해외로 떠나기 위해 공항을 메우는 윤택하고 풍족해 보이는 사람들의 삶은 나와는 무관하다고 여기며 살아 왔다. 이제는 웬만한 시골 사람들도 어지간하면 해외여행 경험이 한두 번이라도 있을 정도로 비행기 여행이 보편화 되었지만, 어느 날 생활의 때를 털어버리고 돌아오기 위해 홀가분한 여행을 떠난다는 것은 아직도 내게는 아득한 일이기만 하다.

돌아올 것을 전제로 떠난다는 것은 얼마나 가슴 설레는 말인가. 사람들의 마음속에 인도 여행의 꿈을 심은 류시화는 그의 인도 여행기 '하늘호수로 떠난 여행'에서 '미루는 것을 발견한 것은 인간

뿐이다'라고 말했다.

나는 이 구절에 몇 개씩 밑줄을 그으며 고개를 끄덕이곤 했다. 미루더라도 가기만 한다면 좋겠지만 대부분 우린 영원히 미루어 버리고 말 약속들을 자신에게 하곤 한다.

하늘호수는 미루어 쌓아두어도 넘치지 않을 약속의 바다다. 언제나 고단한 현재를 뛰어넘어 미래를 꿈꾸게 하는 바다!

'그래, 떠나보자' 마음뿐인 약속을 수시로 하지만, 역시 아직도 떠남보다는 미루는 것이 맘 편하고 익숙한 자신을 한탄하며 심심찮게 밤하늘에 지나가는 비행기를 보며 서 있다. 떠남은 그 자체로 큰 용기를 필요로 한다는 것을 생각하기도 하고, 돌아오지 못할 떠남이 바꾸어 버릴 모든 운명들에 대하여 생각하며 그렇게 오랫동안….

하늘바라기

간신히 참고 지나가나 했더니 빗방울이 후드득 떨어진다.

큰일이다. 수확기를 지나고 있는 옥수수가 다시 비를 맞는다면 못쓰게 되지 않을까 싶어 남편은 그 큰 기계를 가지고 어쩔 줄 몰라서 안달이 났다. 저러다 사고라도 나면 어쩔까 싶어 안절부절못하고 있다. 언젠가 텔레비전에서 우리나라 사람들이 급한 성격을 가진 이유는 사계(四季)가 뚜렷하기 때문이라는 것을 본 적이 있다. 그 말에 전적으로 공감한다. 사계절이 뚜렷한 우리나라에서 농사를 짓는다는 것은 곧 시기를 아주 잘 맞추어야 한다는 뜻이다. 기껏 애써서 지어놓은 농사가 수확기에 날씨가 돕지 않으면 소용이 없기 때문이다. 무엇이든 확실하게 계획대로 움직여야 하고 제자리에 있어야 하는 남편의 성격은 농사철만 되면 은근히 더 급해지고 날카로워진다. 거기다 한마디만 보태면 큰 소리가 나니까 죽은 듯이 노련한 몸종처럼 알아서 챙겨주는 것에 이제는 이골이 났다.

어렸을 적에 아버지가 고생하시는 것을 봐 왔으므로 날씨에 구애받는 농업은 정말 싫었다. 아무리 잘 여물게 농사를 지어도 추수를 제대로 못하면 아무 소용이 없고, 아무리 농사를 잘 지어 놔도 태풍이 지나 가고 홍수가 한바탕 휩쓸면 아무것도 남지 않는 것을 통해서 우리는 농사가 얼마나 사람 뜻대로 되지 않는지 경험한다.

비가 오면 오는 대로 '아! 비가 오니까 커피 맛이 더 좋구나' 이렇게 생각할 수 있게 되길 바랐다. 무더위가 오면 더우니까 에어컨을 틀면 되는데 소 키우는 우리는 정말 더운 날은 소들한테 미안해서 에어컨 틀기조차 망설여진다.

봄에 옥수수 심을 때 밭을 갈아 놓고 비가 오면 발이 빠져서 한동안 못 들어가기 때문에 되도록이면 밭을 갈기 시작하면 파종을 다 마치려고 애쓴다. 그러니까 남편은 그것을 시작하면 밤을 새워서라도 얼른 끝내려고 서두른다. 소들도 다 잠들어 버린 한 밤중에 멀리서 들리는 가물가물한 트랙터 소리에, 잠을 잘 수도 없어 들락거리며 '꼭 이렇게 해야 하나' 하는 생각이 들 때가 한두 번이 아니다.

심을 때는 아무것도 아니다. 옥수수 사일리지를 할 때 날씨가 오락가락하면 그것은 정말 괴로운 노릇이다. 소나기라도 한 줄기씩 내리면 기계가 빠져서 밭에 들어갈 수가 없어서, 무더위에 익는 속도가 아침저녁이 다른 옥수수농사는 수확기를 넘기기가 쉽다. 수확기에 따라 품질이 많이 차이가 나고 수확량도 차이가 많기 때문이다.

2000년에는 너무 가물어서 옥수수 심은 것이 다 타들어 가고 농사를 망친 것 아니냐고 걱정들이 대단했다. 그러나 거름이 충분한 우리 옥수수는 다른 것보다 훨씬 크게 자라서 다들 부러워했었다. 하지만 다른 것보다 한 자 이상이 더 큰 우리 옥수수는 기다리던 단비가 불러 온 바람 때문에 모조리 쓰러지고 말았다. 쓰러진 어린 옥수수는 누운 채로 자라면서 두세 마디씩 땅에다 뿌리를 내렸다.

문제는 사일리지를 해야 하는데 기계가 들어갈 통로를 내는 일이었다. 사람을 구할 수가 없어서 중학교 2학년인 아들 녀석하고 인력시장에서 온 사람 둘을 데리고 옥수수를 베는데, 30도가 넘는 무더위에 사람 키만한 옥수수 사이에 들어가 있으면 숨이 막혀 죽을 것만 같았다. 윗부분만 벨 수가 없어서 땅에 뿌리를 박은 옥수수 뿌리를 떼어내며 베는데 낫질을 처음 하는 막내 녀석의 손에 물집이 잡혔다. 눈치를 보면서 힘들면 그만두라고 했지만 절대 중간에서 포기 하겠다는 소리를 하지 않았다. 오히려 인력 시장에서 온 사람들이 시계만 보고 있었다. IMF 후라 어려운 사람들이 인력시장에는 많았지만 생전 날일을 안 해본 사람들이라 능률이 많이 떨어졌다. 그래도 목장에서 자랐다고 꼬맹이 녀석이 한 몫을 단단히 했다.

열에 데고 볕에 끄실린 얼굴은 화끈거리고 허물이 벗겨져 가을까지 작신 고생을 했었다. 그 해 옥수수 농사는 지금까지의 작황 중에 최악을 기록했던 해였다. 때를 못 맞춰서 엔슬레지 품질도 나빴고 수확량은 반도 안 되고 비용은 두 배 가까이 들었다. 죽어라고 베어놓은 옥수수는 들쭉날쭉 보기조차 민망했다. 그래도 수확을 포기하지 못하는 것이 농민의 심정이다. 차라리 포기하고 사다 먹이는 것이 비용 면으로는 나을 지도 모르고 사람 고생 안 하는 일이지만 옥수수라는 곡식을 포기할 농민은 없을 것이다.

농사꾼은 흉년에 굶어 죽어도 씨앗을 베고 죽는다고 하지 않던가. 노인들은 지금도 이해득실을 따지지 않고 땅만 있으면 무조건 무엇인가를 심는다. 그것이 바로 농심일 것이다.

이렇듯 일 년 열두 달 순환하면서 이 세상에 사람 욕심만으로 되는 일은 없다는 것을 배우는 것이 농사인 것 같다. 반드시 뿌린대로 거둘 수도 없는 것이고 하늘을 바라며 자연에 순응하고 그 안에서 허락된 몫을 챙겨야 하는 것이 농사임을….

오늘만큼은 제발 비가 시늉만 하고 지나갔으면 좋으련만.

확실하게 촌놈 만들기

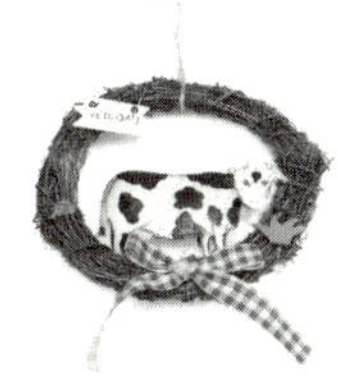

여름방학을 집에서 보낸 아들 녀석이 하루 앞당겨 집을 떠났다. 우린 이렇게 긴 시간 함께 할 수 있을 때가 앞으로는 별로 없다는 것을 잘 안다.

고등학교 진학하면서 집을 떠난 지 4년째인 아들을 올 여름엔 남편이 불러들여 고스란히 목장 일을 시켰다. 어학원에 등록하고 아르바이트를 시작한 녀석은 중도에 포기하기가 좀 곤란한 듯 했지만 군말 없이 짐을 챙겨 가지고 왔다.

만날 둘이 사는데 아들 녀석이 온다니까 신이 났다. 기숙사 밥 먹는 아이가 안쓰럽기만 했는데 여러 가지 음식을 해먹일 수 있다는 것이 신나고, 무엇보다도 청년이 되면서 말수가 줄어 어쩌다 만나도 데면데면했는데 많은 이야기도 할 수 있겠다 싶어 신이 났다.

남편은 남편대로 같이 할 일을 이것저것 계획했고 목장 진입로 포장을 비롯하여 크고 작은 일을 해냈다. 시간이 나면 집안 청소며 설거지까지 아주 훌륭한 관리사 노릇을 톡톡히 했다.

유난히 더웠던 올 여름, 아마도 아들 녀석은 평생 흘릴 땀을 다 흘렸을 정도로 땀을 많이 흘린 것 같다.

여름의 제일 큰 일, 사일레이지 할 때 그의 진가는 더욱 발휘되었다. 새벽에 인력회사에 가서 인부 데려오는 일부터 인부들에게 작업 지시하고, 자잘한 심부름하기, 갓돌림 옥수수 베기와 가장 힘들다는 옥수수를 기계에 먹이는 일까지 무슨 일이든 했다.

사일레이지는 3일 만에 끝이 났다. 끝나고 새참을 먹는데 '그 어려운 일이 드디어 끝나는구나, 이게 바로 행복이구나!' 하는 생각이 들어 자꾸만 웃음이 나온다고 했다. 남편도 혼자 하는 것보다 훨씬 일이 수월하다고 했고 아들에게 부모가 무슨 일을 해서 먹고 사는지 알려줄 수 있는 좋은 기회가 된 것 같았다.

우리는 '이 아이를 확실한 촌놈으로 만들 기회는 이때다' 하고 생각했다. 집터를 닦느라 베어 낸 참나무를 차곡차곡 쌓아두었고 장작을 패는 몫은 그의 몫으로 남겨두려고 한다. 시골이 고향인 녀석이 집에 오면 다 벗어부치고 일을 말끔히 해내는 다부진 젊은

이가 되었으면 하는 게 우리의 바람이다.

그러나 우리 친정부모의 생각은 다르셨다. 손에 펜을 쥔 선비 즉, 학생의 손에는 흙을 묻힐 필요가 없고 오로지 공부만 잘하면 된다는 것이 그분들의 신념이셨다. 우리들은 손으로 무엇이든 다 해야 하는 그 농사일을 한 번도 제대로 거들어 본 적이 없다. 우리 이웃에 딸만 일곱이 있는 집이 있었는데 모내기 때나 추수철이 되면 아침마다 한바탕씩 소란이 일곤 했다. 학교에 가려는 딸들과 그 딸들을 거드는 엄마, 붙잡아 두고 일을 시키려는 아버지와의 실랑이를 들으시면서 언제나 우리 아버지는 혀를 차셨다. 나는 그때 옆집 아저씨를 한심하게 생각했지만 지나놓고 보니 우리 부모님도 우리들에게 일을 시키셨어야 옳았다는 생각이 든다. 그 덕분에 우리 형제들은 제대로 다부지게 일을 잘하질 못했다. 일의 두미(頭眉)를 모르니 그럴 수밖에. 농촌에 살면서 일을 잘 못하는 것이 얼마나 고단한 일인지 모른다.

처음에 목장 일을 익힐 때 얼마나 고생을 많이 했는지 아들에게는 중학교 다닐 때부터 소 사료 주는 일을 가르쳤고 대학에 들어간 뒤에는 착유를 가르쳤다. 명절 때가 되어 실습생들이 집을 비우면 소똥치우는 일은 아이들 몫이다. 이제 새로 짓는 집이 완성되면 아이들 몫으로 아주 작은 밭을 하나씩 만들어 주려고 한다.

꽃을 가꾸든 채소를 가꾸든 자신이 선택해서 책임지고 가꾸게 할 참이다.

나는 내 정서적 토양이 된 어릴 적 10년 동안의 시골살이에 깊이 감사한다. 열 살 때까지 서울에서 살다 시골로 이사 와서 고등학교 졸업 때까지 시골에서 살게 해 주신 부모님께 감사하듯이, 우리 아이들도 시골에서 태어나고 자란 것을 다행으로 여길 수 있길 바란다. 삭막한 현대를 살아가는 아이들의 정신적 토양에 고향을 심어주고 자연이 주는 위로를 느끼게 하고 싶다.

자기 방을 말끔하게 치워놓고 간 녀석의 살뜰함이 마치 손님같이 느껴져서 속상하다.

갑자기 집안이 휑해졌지만 아마도 금방 괜찮아질 것이다.

그는 언제나 떠났으니까, 그리고 다녀올 것이니까….

3장

회상에 젖어 부르는 노래

목장에 피는 노랑제비꽃

꼬물꼬물 아지랑이를 앞세워 봄이 온다. 깊이 잠든 흙을 깨우고 삭풍을 견딘 나무들의 등을 토닥인다. 밭에 납작 엎드렸던 시금치가 기지개를 펴고 산이 한발 앞으로 다가 오는 듯하다. 뒤꼍의 독에서는 작년 가을에 소금을 넉넉히 쳐서 담근 짠지가 노랗게 익는 큼큼한 냄새가 풍겨 나온다.

함지를 뒤져 이것저것 씨앗을 챙긴다.

뻐꾸기가 운다. 산비둘기도 운다.

마늘 여무는 향내가 은은한데 옮겨 심은 나무와 꽃들이 제법 텃세에서 벗어나 건강해져 있고 텃밭 토마토 나무에는 올망졸망 토마토가 달린다. 모처럼 다니러 오신 시어른들의 손길로 목장 구석구석 잡초가 뽑히고 때를 만난 나는 이것저것 일거리를 슬그머니 어른들 앞에 내민다.

나이 드셔서 별일이 없으신 어른들께서는 그런 빤한 속내를 아시면서도 당신들을 필요로 하는 며느리가 기꺼우신 모양이다. 어른들의 손길과 함께 훤해진 마당을 보며 '나이 듦'에 대하여 생각한다. 목장은 늙어서도 움직일 기운만 있다면 얼마든지 일거리가 있는 곳이다.

삼십여 년 전 송아지 네 마리로 취미처럼 시작한 목장에 젊은 자식을 묶어 두시는 것을 영 마땅치 않아 하셨지만, 이제는 그 자식이 당신이 목장을 시작하셨을 때보다 더 나이가 들었고 목장을 평생의 터전으로 삼은 것을 당연하게 받아들이신다. 목장이 늙으신 부모님께 잔잔한 일거리를 제공한다는 사실에 감사할 뿐이다.

비가 내린다. 촉촉하게 애수가 스민다.

맑고 보송보송한 날, 일거리에 파묻혀 겨를 없이 지내다가 이렇게 비가 와서 공치는 날이면 보고 싶은 이들이 많다. 막 직장생활을 시작한 큰 애는 어떻게 적응을 잘하는지, 시험이 시작된 아이들에게서는 전화 한 통 없고, 태곳적부터 거기 그렇게 있음직한 고향의 늙은 부모는 무소식인걸 보니 아마도 그냥 사시는 모양이다. 다 각각 바쁜 형제들은 또 그대로들 살고 있겠지. 가랑비 오는 밖으로 나가 좀 돌아다녔다. 소들도 보고 강아지도 만지고 함초롬히 빗속에 서 있는 꽃들에게 인사도 하고…. 풀 섶에서 엉금엉금 두꺼비가 기어 나온다. 그 녀석 참 실하게도 생겼다. 그 볼품없는 모습에 웃음이 나온다.

편안한 우리 집 기둥들께서는 소리 없이 각자 자리에서 새김질도 하고 풀도 먹고 밥도 먹고 놀기도 한다. 이 녀석들이 말없이 있다는 것이 얼마나 다행인지 모른다. 백 식구도 넘는 이놈들이 한마디씩만 해도 우리 집은 얼마나 시끄러울 것인가. 배부르고 불편한 데 없으면 도통 군말이 없다. 참 신기하게 착한 녀석들이다.

떠오르는 햇살을 받아 이슬을 머금은 꽃잎이 보석처럼 반짝인다. 이슬 참에 앉아 풀을 매는데, 오토바이가 와서 멈추며 신문을 내민다. 일 년도 넘게 조간을 넣어 주시던 아저씨를 이제야 만났다. 생각보다 연세가 있으신 분이시다.

"아, 마당이 참 아름답습니다, 탐이 납니다" 하면서 칭찬을 하지만 내게 우리 마당은 아름답지는 않다. 그러나 새벽잠 털어내며 나선

길에 만난 우리 마당이 그에게 위안을 준다니 기쁘다.

'그렇지! 이제부터 정말 아름다운 마당을 가꾸면 되겠구나' 하고 생각하니 풀 뽑는 손길에 신명이 난다.

아침은 모든 것을 새롭게 한다. 떠오르는 태양이 그렇고, 가장 분주한 목장의 일과는 매일 같은 일이지만 활기에 차서 늘 새로움을 만들어 낸다. 어제의 아쉬웠던 기억도 오늘이라는 시간에 실어 아름다운 추억으로 갈무리하고 다시 희망을 향해 나설 수 있는 시간이다. 탱크로리차가 와서 우유를 싣고 가면 목장 하루의 결실은 끝이 나고, 또 다른 결실을 위해 하루의 계획을 세운다.

황혼녘에 한줄기 시원한 바람이 인다.

이글거리던 태양이 넘어가면서 낮 동안 작렬함에 시달렸던 만물들에게 주는 선물인 듯하다. 유난히 더위에 약한 그녀들이 낮에는 선풍기 밑에서 꼼짝도 않고 있다가 한숨을 돌리며 운동장에 나와 시원한 바람 속을 거닌다. 마치 만물을 태워 버릴 듯 대단하던 태양도 시간의 흐름에는 속절없이 자리를 내주고 휴식을 허락한다. 한줄기 바람이 허락하는 여름날의 행복은 작은 것에도 감사할 줄 알게 하고, 엔슬레이지를 마친 텅 빈 밭에 날아든 흰 새의 무리가 한 폭의 그림 같다. 봄에 생명을 틔워 여름의 한가운데로 나와 그 열기와 비바람을 이기고 무사히 트렌치 사일로에 들어간 옥수수에게 감사.

혹독한 더위 속에서 인내하며 기다린 세월이 바로 가을이렷다.

연보랏빛 구절초가 수줍게 피어난 산자락에서 바라 본 들길엔 억새가 바람결 따라 외롭게 흔들리며 가을이 익는다. 가을은 뒷산에서 도토리로 익어가고 텃밭에 있는 무 배추의 속살로 무르익는다.

그렁그렁하게 넘칠 듯 소 눈에 담긴 하늘은 풍덩 빠지면 남빛이 들 것 같다. 먼 하늘 끝에 눈길을 멈추고 천천히 새김질을 하는 소의 무심함에 마음속 경계가 무너져 버린다.

아! 푸르고도 푸른 가을 하늘아.

바람이 불어 참나무 잎이 우수수 떨어진다. 갈퀴로 한 짐 그러모아 불을 붙이면 자작자작 타들어가는 낙엽에서는, 배가 고프면 군고구마 냄새가 나고 배가 부르면 갓 볶은 커피향내가 난다.

가랑잎은 왜 그 이름이 가랑잎일까? 그래 낙엽보다 가랑잎이 더 좋다. 가랑잎을 태우며 나는 오늘도 또박또박 마흔 아홉을 향해 걸어간다.

더위를 견디며 거칠하던 녀석들의 얼룩 옷에 윤기가 반지르르 흐른다. 그 윤기 나는 등에 내 체중을 실으면 그들의 체온이 심장까지 전해 온다. 나는 그들을 사랑한다. 그들도 나를 사랑하는 것 같다. 그렇다고 믿는다.

믿는 것은 행복하다.

아! 밤새 어느 님이 다녀가셨나.

그 님이 남기고 가신 은빛 차가운 아름다움에 눈이 부시다.

아이들 데리고 눈사람 만들며 뒹굴던 젊은 애기 엄마 모습은 어디로 갔나.

눈을 한주먹 움켜쥐어서 휙 던져본다. 흩어지는 눈 속에 아이들의 깔깔거리는 웃음소리가 울려 퍼지고 이 녀석들이 눈 뭉치를 던지는 것 같아 얼른 몸을 숙여본다.

내 강아지들아! 보고 싶다.

60일간의 휴가

젖소도 60일간의 휴가가 있다.

세계일주의 제목처럼 멋지다. 60일간의 휴가라니, 젖소가 웬 휴가? 젖소가 긴 휴식을 갖는 조건은 간단하다. 새끼를 가지면 된다. 마치 황금알을 낳는 거위처럼 날마다 몇 동이씩 우유를 내던 소들도 임신을 하면 젖이 줄어든다. 젖이 줄긴 하지만 계속 젖을 내는 어미 소는 건강을 위해 젖을 말리고 휴식에 들어가게 한다. 그들이 새끼를 갖고 나서 분만예정일이 60일 정도 남아있을 때 보통 '건유(dry milk)'를 하게 되는데, 젖을 말린다는 뜻이다. 건유는 그들에게는 일종의 휴가인 셈이다.

새끼를 낳은 후 계속 젖을 생산해 내는 그들은 임신하면 뱃속의 송아지까지 키워야 하므로 많은 영양분을 필요로 한다. 지속적으로 젖을 생산한 유방조직을 쉬게 하고 새끼를 튼실하게 키우기 위해, 60일 동안은 젖을 짜지 않고 따로 격리하여 휴식을 주는 기간을 건유기간이라고 한다.

나는 쉴 새 없이 일에 치여 힘들 때면 구약시대 이스라엘 사람들을 생각한다. 일주일의 하루는 '주님의 날'로 여겨 아무 일도 못하도록 율법에 정했던 것을 보면 참 현명한 판단이라는 생각이 든다. 6일 동안 열심히 일하고 7일째 지친 육신을 쉬고 영적인 충전을 통해 스스로를 지켜나갔던 그 시대에는 요즘처럼 심신이 공허해서 생기는 병은 없었을 거란 생각이다. 뭔가 하고 있지 않으면 초조하고 뒤쳐질 것 같은 스트레스를 지니고 밤낮없이 워크홀릭에 빠진 현대인들은 참 딱한 사람들이다. 그런 사람들은 주말이면 어디론가 떠나는 것을 목표로 삼는다. 그러나 우리들은 갈 수도 없으려니와 시간이 생긴다고 해도 갈 줄도 모른다. 고기도 먹어본 사람이 먹을 줄 안다는 것과 같은 이치다.

카톨릭 신부님들은 7년마다 한 번씩 안식년을 보낸다. 우리도 인생을 살면서 억지로라도 쉬게 하는 것을 법으로 정해 안식년을 보낼 수 있으면 얼마나 좋을까. 1년을 다 쉴 수 없다면 1년 중 한 달을 안식월로 정해 아무것도 하지 않아야 하는 법, 안식월에는 무조건 일터를 떠나야만 하는 법이 있다면….

만약에 내게 안식월이 한 달간 주어진다면 무엇을 할 것인가.

일단은 젖소가족을 포함한 모든 일 그리고 자동차와 휴대전화, 컴퓨터를 내 생활에서 제외시키는 거다. 철저히 일상으로부터 낯설어지고 속도에서 이탈된 아날로그적인 삶을 살아보고 싶다. 주위를 겹겹이 둘러싼 생활인으로서의 의무에서 벗어나 느리고 단순하게 한 번 살아보는 것이다. 물론 집을 떠나야 하는 것은 정한 이치다. 어디로 갈 것인지는 잘 모르지만 낯선 곳이었으면 좋겠다. 그래야만 몸도 마음도 일상의 짐을 덜고 자유로울 수 있을 거라는 생각이다. 젖소의 건유기간이 건강한 젖소에게서 더 많은 젖을 얻어 내기 위한 것이듯, 우리도 충분히 쉬고 난 후 가벼워진 머리로 세상을 살아간다면 세상은 지금보다 훨씬 덜 복잡할 것 같다.

몇 년 전에 우리나라에 진출한 외국기업에서는 한국인 CEO들에게 의무로 휴가를 가게 했다. 너무 쉬지 않고 일만하는 사람들에게는 창조적인 역량이 부족하다는 인식에서 말이다.

나는 어느 날부터 내 삶의 영웅이 되기를 꿈꾼다.

"마흔 한 살의 나이에 달리기를 시작하여 오십대에 1마일 달리는데 4분47초의 세계신기록을 세웠고, 예순 한 살의 나이에 3시간 1분의 기록으로 마라톤 풀코스를 완주한 미국의 심장병전문의 조지 쉬언의 고백입니다.”

‘방해받지 않을 시간을 하루에 한 시간은 마련하십시오. 그 60분 동안에는 신이든, 국가든, 가족이든, 일이든 들어오지 못하게 하십시오. 그리고 일주일에 하루는 꼭 혼자서만 보내십시오. 자신을 아끼는 법을, 자신을 받아들이는 법을 배우십시오. 여러분도 자기 삶의 영웅이 될 수 있다는 것을 기억 하십시오.’

(조지 쉬언의 ‘달리기와 존재하기’)

과로에서 온 병으로 입원했던 내게 지인이 보내 준 메일은 내게 자기 삶의 영웅이 되라고 넌지시 권고한다. 젖소가 영웅이 되기 위해서는 새끼를 낳아 끊임없이 젖을 생산해 내야 하는 것과 같이, 나도 내 삶의 주인으로서 성의를 다해 세상을 살아내야 영웅이 될 수 있음을, 그런 삶을 위해 휴식이 필수적인 것임을 우선은 몸으로 받아들여야만 하는 게 아닐까.

달래 출산기 出産記

엊저녁부터 불안한 모습으로 서성대며 꼬리를 치켜들고 아침 사료도 먹는 둥 마는 둥 안절부절못하더니 드디어 1파수가 터졌다. 한두 시간은 족히 기다려야 되는 것을 알면서도 이른 조바심을 내는 내게 남편은 가서 볼일이나 보라고 퉁을 준다.

'남자들은 모르지, 사람이나 동물이나 생명을 탄생시킨다는 것이 얼마나 대단하고 힘든 일인지.'

일 년이면 수십 마리가 태어나도 송아지가 태어나는 순간만큼은 언제나 첫 경험처럼 가슴이 떨리고 긴장이 된다.

산기(産氣)가 있으면 송아지 방에다 깨끗한 깔짚을 깔고 배꼽소

독 할 약과 마른 수건을 몇 장 준비한다. 난 언제나 좀 빨리 도와주고 싶어서 안달을 하지만 혼자 새끼를 낳은 것이 제일 좋다는 것을 익히 아는 터라 기다리는 수밖에 별도리가 없다.

진통이 잦아지는지 달래가 새끼 낳을 자리를 보아 뒷다리를 펴고 앉는다. 한쪽에 자리를 잡고 신음소리를 내며 힘을 주는 달래를 보는 순간 나도 모르게 주먹을 쥐고 마른 침을 삼킨다.

달래의 고통스런 신음소리가 나고 송아지 입과 다리가 보이기 시작한다.

송아지 주둥이가 넓적하고 두툼한 것이 아무래도 수송아지 같다. 오랜 경험으로 담배 한대 피워 물고 유유자적, 느긋하게 기다리던 남편은 좀 도와줘야 될 것 같다며, 베타딘 소독약에 매듭을 지어 담가 두었던 끈을 꺼내 손을 넣어 송아지 다리에 묶었다.

그녀의 고통은 점점 더해만 가고 분홍빛 혀를 빼문 송아지도 세상구경을 위해 애를 쓴다. 인공수정을 통해 새끼를 가진 어미는 자신의 몸 속 구중궁궐에 보금자리를 마련해 피를 나누어 자기 분신의 뼈와 살을 만들고 눈 코 입을 만든다. 280일 동안 창조주의 섭리대로 송아지를 품어오다 소임을 다하는 마지막 순간, 새끼를 세상에 내보내기 위해 태를 갈라야 하는 순간이 온 것이다.

달래는 두 번째 새끼를 낳는 중이다.

우리 달래는 언제나 싫어 죽겠다는 듯 제일 마지막에 착유실로 들어온다. 문제는 처음부터 착유실 문 앞을 막아 다른 녀석들도 못 들어오게 해서 매일 단골로 맡아 놓고 야단을 맞는다. 달래는 세상 것에는 별 관심이 없다는 투다. 젖을 짤 때도 뭔가 비위에 안 맞는다 싶으면 착유기를 가차 없이 발로 차서 떨어뜨려버린다. 그러나 엄마가 되려는 순간 달래의 눈동자는 고통스러움으로 인해 평소 모습은 다 어디로 가고 애처롭기만 하다. 그녀의 눈동자가 불안하게 흔들리고 다시 한 번 고통스런 신음소리를 내며 죽기를 다해 힘을 주자 우리도 힘껏 끈을 당겼다. 단말마의 신음소리와 함께 송아지는 밖으로 밀려나왔다. 지친 송아지는 양수를 먹었는지 끄르륵거리며 젖은 눈을 껌벅였다. 재빠르게 마른 수건으로 송아지 얼굴을 닦아주고 남편이 입으로 코를 힘껏 불어주자 '휴우' 한숨을 토해 낸다.

"이 녀석, 이렇게 커서 엄마를 힘들게 했구나."

엉덩이를 토닥이는데 살집이 토실토실하다. 달래 같은 암송아지를 바랐는데 밤톨만한 고추를 보며 좀 서운한 맘이 들었다.

젖소는 임신일수나 출산경향이 사람과 같다.

한 번에 보통 한 마리를 낳고 열 달을 뱃속에서 길러내는데 가끔씩 녀석들도 입덧을 하는 경우가 있다. 젖이 탱탱하게 불어 착유실에 들어오던 녀석이 갑자기 이유 없이 잘 먹질 않아 젖이 줄고 의기소침해지곤 한다. 한 1주일쯤 지나면 원래대로 돌아오는데 곰곰 생각해 보니 입덧이 분명하다고 내 나름대로 믿게 되었다(물론 이것은 학자들의 견해는 아니다). 아무리 동물이지만 생명을 잉태한다는 것이 어디 보통일인가 말이다.

어미가 힘들어해서 초유는 며칠 전에 얼려둔 냉동초유를 먹이기로 했다. 송아지를 분만실에서 데리고 나오니까 지쳐서 누워있던 달래가 벌떡 일어난다.

"괜찮아, 엄마가 예쁘게 키워 줄께, 달래야."

내 말을 알아들었는지 못 알아들었는지, 훌쭉해진 배와 출산의 고통으로 피로해진 눈을 끔벅이며 멀거니 서서 우리를 바라본다.

대 화

"소와 대화를 해야 합니다. 그들은 언제나 말을 하고 있지만 우리가 듣지 못하는 것인지도 모릅니다. 밥은 먹었어? 아픈 데는 없어?" 라고….

대화를 한다는 것은 관심을 갖는다는 이야기가 아닐까. 관심을 갖는다는 것은 상대방을 배려하면서 마음을 서로 나누는 것이고.

유홍준 문화재청장이 대영박물관에 가서 얻은 깨달음 중 하나가 "미술사라는 학문의 방식은 유물에 대한 지식의 집합이나 연대기적인 연구방식보다는 '유물과의 대화'를 기본적으로 해야 한다"고 신문에 쓴 적이 있다.

그렇다면 대화라는 것은 상대방을 보기 위해 우선 마음을 여는 것부터 시작해야 된다는 말일 것이다. 하지만 우리는 낯선 대상과의 대화는 상대방을 탐색하고 견주느라 진실해지기가 힘들고 익숙한 상대와의 대화는 습관에 젖어 많은 것을 놓치고 있는지도 모른다. 더구나 대상이 사람이 아닐 바에는 말할 나위가 없다. 가족들 즉 아이들 혹은 부부사이의 대화는 익숙해서 그렇고 말 못하는 소와의 대화는 일방적인 것이기 쉽다.

나는 언제나 소에게 말을 하지만 한 번도 그들의 말을 들으려 했던 적은 없는 것 같다.

소와 대화를 해야 한다고 말하는 그는 수의사다. 늘 별 표정 없이 자신의 일을 열심히 하고 진료소견을 성의 있게 말한다. 그리고 처방전을 써 주고 가는 김 수의사는 한 달에 두 번 우리 목장에 정기 진료를 오는 사람이다. 음악에 대해 잠시 이야기하는 중에 이런 이야기도 한다.

"기계나 음악이나 깊이 있게 들어가서 몰두하다보면 다 같다는 것을 느낍니다. 음악이 기계보다 더 고상한 정신세계가 있다고 생각하는 것은 잘못입니다. 무엇이든 몰두하면 깊은 정신적인 교감을 나누게 되는 것이니까요."

일 년 전부터 우리 목장에 진료를 오는 그 사람은 언제나 바빴고 의례적인 말 이외는 별로 못해 보다가 오늘 같이 밥을 먹는 자리에서 이런 이야기를 해서 나를 놀라게 하였다.

"만약 새끼가 안 드는 소가 있을 때 주인들이 '이 쓸데없는 녀석아, 너 같은 놈은 당장 도살장에 보내야 돼'라고 말한다면 그 소는 절대로 새끼를 갖지 못하고 정말 도태되고 말 것입니다. 시간이 걸리더라도 반드시 소에게 희망을 주는 말을 해야 합니다. 그러면 그 소는 새끼를 가질 확률이 훨씬 많아집니다."

장영희 교수가 책에 쓴 이야기가 생각난다.

'아프리카의 어느 부족은 너무 웃자라 불편하거나 쓸모없게 된 나무가 있을 경우, 칼이나 톱으로 잘라버리는 대신 온 부락민들이 모여 그 나무를 향해 크게 소리 지른다고 한다. 예컨대, "너는 살 가치가 없어!", "우린 널 사랑하지 않아!", "차라리 죽어 버려!" 등 나무가 들어서 가슴 아파 할 만한 말을 계속하면 시들시들 말라 죽어버린다는 것이다.' 얼마나 무서운 일인가!

그가 남의 이야기처럼 하는 자신의 이야기는 이렇다.

기계공학을 전공하다 학생운동에 연루돼 제적을 당하고 먹고 살기 위해 공장에 취직을 하면 전력이 들통 나 번번이 쫓겨나고, 면접을 여러 군데 봤는데 연락이 없는 걸 보면 아직도 심사숙고하는 중인가 보다 하고 웃는다.

어쨌든 그는 지금 수의사이고 이런 저런 일에 욕심을 내보았지만 결국 자기가 잘할 수 있는 일을 열심히 해서 일가(一家)를 이루는 것을 목표로 잡았다고 말했다. 지금 그 목표를 위해 열심히 일하고 있다고 말하는 그의 모습은 진지하기만 하고 노래는 역시 뽕짝이 최고라고 말하며 씩 웃는다.

대화는 상대를 가까워지게 한다.

저녁을 먹으면서 낮에 들은 이야기를 남편에게 하였다. 우리는 김 수의사의 이야기를 좀 더 나누었고 소를 어떤 태도로 대하고 있나 하고 생각하니 그냥 습관적이지 않았나 싶다. 아주 익숙한 것에 대한 자연적인 반응으로서의 소, 그들은 그냥 우리 식구이고, 식구니까 언제나 당연히 그래야 하고….

미안함도 고마움도 다 말 안 하고 넘어가도 섭섭하지도 않고 그냥 그런 식구들.

그래, 소는 우리 식구다. 마음으로밖에 듣지 못하는 말을 매일 하는 소.

그러니까 더욱 대화가, 아니 마음이 필요할 것 같다.

회상에 젖어 부르는 노래

찰랑찰랑 넘칠 듯한 보름달이 제법 가을 같은 밤이다. '꽃가지가 휘일 달빛'이라는 어느 시인의 말처럼 선선한 바람에 휘영청 달빛이 일렁인다. 그때는 마흔 두 살이었지.

삶에 강한 전환점이 필요하다고 느껴 자신을 돌아보니 겁도 없이 계획도 없이 주워 먹은 나이만 마흔 둘, 뭘 제대로 해 놓은 게 없었다. 마흔 둘에는 말 그대로 패배감만 등허리가 휘도록 얹어 놓고 밤마다 후회하고 자책하느라 잠을 이루지 못했었다.

"아! 5년만 젊었더라면…."

마음이 급했다. 남들이 10년을 두고 이룬 것을 우리는 1년에 이루어야 했기에 정말 독하게 일하고 독하게 공부했다.

새벽부터 일하며 하나씩 하나씩 목표를 점검하고 일을 마치면 밤이 이슥할 때까지 사료회사 이부장과 이야기를 나누었다. 그때 이렇게 달이 밝았었다.

늦은 밤 달빛 아래 앉아 문제점을 짚어가며 해결점을 모색하며 마주치는 서늘한 달빛은 하루 종일 일에 지친 몸과 맘을 어루만지고 또 다른 희망을 불어 넣어주기에 충분했었다.

소에 미친 세월이었다. 소에 미쳐서 다른 것은 안중에도 없었다. 하도 열의 있게 덤비니까 입소문이 났는지 하나 둘씩 사람들이 이런저런 명목으로 모여들기 시작했다. 그 사람들을 붙잡고 이야기를 들으려면 일단은 때에 맞춰 밥을 해줘야 했다. 김치거리를 사다가 도저히 시간이 없어 썩히기를 여러 번, 결국은 담근 김치를 사고 소뼈를 푹 고아서 두고 밥을 같이 먹으며 이야기를 나누었다.

작업복을 입고 일하다 방문객들을 일일이 집으로 들이기가 번거로워 컨테이너를 사다 사무실로 꾸몄다. 그곳은 각 방면의 사람들이 만나 서로 인사를 나누고 열띤 토론도 하며 새로운 이론과 경험들을 공유하는 곳이었다.

우선 공부를 하면서 해야 할 일은 메모를 하는 일이었다. 후에 들으니 하도 열심히 적으니까 대강 말할 수가 없더라고 했다. 모르면 다른 사람에게 물어서라도 대답들을 해 주었다. 들은 말을 사양관리에 응용을 한 뒤 모니터링을 하기 위해 또 메모를 했다.

말 못하는 소에게 제일 좋은 조건을 맞추어 주기 위해서는 관찰만이 최상의 방법이었다. 조금씩 알아가면서 자꾸 들여다보니까 뭔가 달랐다.

일단 목표는 수치로 세우고 사람들에게 말해 보니까 다들 불가능하다고 했다.

'그래? 그러면 정말 한 번 해 볼 만하구나' 하는 오기가 생겼다.

컨설턴트들은 나처럼 말 잘 듣고 기록 잘하는 사람을 만나는 것은 흔한 일이 아니라고 했다. 반드시 일러준 대로 하고 모니터링을 정확하게 하려고 애썼다. 목장견학은 안내 해주는 부장 한 사람과 둘이 가는 것을 원칙으로 했다. 가기 전에 그 목장의 정보를 연구해서 질문거리를 만들어 가지고 갔다. 견학을 다녀 온 날은 부럽고 초조하고 질투가 나서 한바탕씩 열병을 앓았다.

사람들은 늘 땀에 절어 수건을 머리에 쓰고 있던 나를 밖에서 보면 못 알아 봤다. 그렇게 우리는 2년 이내에 목표에 도달 할 수가 있었다.

목장 일을 하면서 얻은 것이 참 많다. 그 중의 하나가 사람을 얻은 일이다. 내가 그렇게 가정이라는 틀 속에 박혀 아이와 남편이 세상의 전부였던 시간동안 사람들은 나름대로 자신의 분야에서 전문가가 되어 있었다. 그들은 순수했고 열정적이었고, 어느 날 갑자기 낙농무대에 나타난 내 존재에 대해서 흥미로워했다. 그들을 통해 세상에 눈을 뜨고 사람이 얼마나 희망을 만들어 내는 존재인가도 깨달았다.

열정적으로 땀 흘려 일하는 것에 대한 의미와 가치를 깨닫게 한 지난 세월이 없었더라면 난 아마도 반쪽짜리 인생을 살 뻔했다는 생각이 든다. 그러나 단 하나 아쉬운 것은 그 세월동안 놀랍게도 아이들과의 추억은 아무것도 기억나는 것이 없다. 오로지 아이들도 뒷전인 채 그렇게 한 가지 목표에만 매달렸던 시절이었다. 애들은 그렇게 돌변해 버린 부모에 대해서 낯설어 하기만 했다

목표를 세우는 것도 사람이고 그 목표를 달성하는 것도 사람이다. 거기에 도달해 가면서 관계를 맺은 많은 사람들은 인생에서 큰 재산이 될 것이 분명하다.

이렇게 달 밝은 밤, 그토록 열정적으로 일했던 그때가 그립다.

지금은 그때보다 낙농 상황도 많이 달라지고 우리 목장도 완전

히 기틀을 잡아 안정적으로 운영되고 있지만 열정은 그때에 비하면 훨씬 못한 듯하다.

아무래도 오늘 밤은 달빛을 친구삼아 포도주라도 한 잔 하며 나의 18번 '떠나가는 배'를 멋들어지게 불러봐야 할 것 같다.

달빛에 젖어 그리고 회상에 젖어….

소나무 유감

나는 그 길가의 소나무들을 사랑했다. 부드럽게 돌아가는 길 옆에 줄지어 선 소나무는 문화동 캠퍼스 도서관 앞의 쓸쓸한 바람이 지나가던 소나무 숲이 되기도 했고, 사주쟁이 말대로 독야청청 한 그루 소나무에 물이 있어 더욱 좋다는 내 이름자 어딘가에 들어 있다는 그 소나무도 되었다.

천천히 내 앞을 지나쳐 가는 나무들을 보며 인생을 생각했고 과거와 현재, 미래를 순서 없이 생각해 보기도 했다.

그 날은 경기도 교육위원회에서 삼백 명쯤 된다는 상담자원봉

사자들에게 사례발표를 하는 날이었다. 눈이 참 푸지게도 내렸던 8년 전 1월의 그날, 그 길은 소나무 가지가 휘어지게 피어난 눈꽃으로 내 가슴을 설레게 했다. 그때 삼백 명의 사람이 그렇게 많은 사람인 줄 처음 알았다. 강단에 선 순간 점점이 흩어졌다 모였다 하는 그들은 이제부터 내가 한 시간을 헤쳐 나가야 할 대상이었다. 순간 현기증이 돌고 등에서는 식은땀이 났다. 숨을 한 번 몰아 쉬고 눈을 크게 뜨니 비로소 그들이 눈에 들어 왔다. 떨리는 목소리를 가다듬어 말문을 열었다.

"여러분, 나는 오늘 여러분에게 오면서 얼마나 행복했는지 모릅니다. 내가 사는 작은 마을에서 읍내로 나오려면 거쳐야 하는 소나무가 줄지어 선 그 길에는 눈꽃이 흐드러지게 피어 있었습니다.

라라가 코마노프스키의 마차를 타고 지바고를 만나러 가던 날, 광활한 러시아의 설원에 어리는 오마샤리프의 우수에 젖은 눈동자를 떠올리며 여러분을 만나러 왔습니다. 나는 여러분에게 그 길을 보여 줄 수 없음이 너무 아쉽습니다."

순간 교육생들 입에서 낮은 탄성이 울려나왔다. 그 시간은 처음으로 내가 많은 사람들 앞에서 강의를 하던 날이었다. 교육생의 한 사람이었던 그녀는 우리 인근에 사는 사람으로 그날의 첫인사를 오래 기억하고 있었다. 후에 나는 그 인연으로 절친해진 그녀에게 아끼던 파스테르나크의 소설 '닥터 지바고'의 번역본 두 권 중에서 한 권을 주었다.

그러던 어느 봄날, 구부러진 길을 여유롭게 지나가던 나는 포크레인에 의해 뿌리 채 뽑혀 아무렇게나 내던져진 소나무들을 보고 그 황량함에 그만 할 말을 잃고 말았다. 나무들이 없어지고 나니 나무 사이에 서 있던 전신주만 참혹하게 드러나 운전하면서 자꾸 부딪힐 것 같은 착각이 들어 괴로웠다. 그러다 작년에는 아주 공단으로 지정되어 인근의 목장들이 다 폐업을 했다. 넓어진 길에 아스콘이 깔리고 길 옆에는 급하게 가져다 심은 키 큰 소나무가 몸살을 하느라 시달리며 어설프게 서있다.

속 모르는 사람들이야 땅값이 오르니 얼마나 좋겠냐고 말하지만 솔직한 마음은 이곳에서 오래 살 수 있도록 그냥 두길 바라는 마음이 훨씬 많다. 이십여 년 전 도시개발에 밀려 목장이 이곳으로 이사 올 때 아주 더 시골로 가야했었다고 후회한다.

땅이란 것은 거기 사는 사람들에게는 생활의 터전일 뿐이다. 땅값에 울고 웃다보면 심란해서 농사를 지을 수가 없다는 말이다. 철 따라 꽃을 피우고 남새와 곡식을 길러내는 땅에 시멘트가 짓이겨지는 것을 보는 것은 맘 아픈 일이다. 농촌은 원래 그렇게 아름다운 곳도 아니고 편리한 곳도 아니다. 자연 속에서 삶을 일구며 숙명적으로 더러운 것을 끌어안고 살아야 하는 곳이기도 하다.

동물들이 내놓는 오줌똥이 거름이 되어 농사를 짓고 날벌레가 날아다니는 곳. 봄에는 싸락눈 같은 조팝나무 꽃이 눈 가는 곳마다 지천이고 길가에 핀 민들레가 가는 이의 발걸음을 더디게 하는 곳. 여름에는 망초, 가을에는 들국화와 구절초가 기슭마다 피어나는 곳. 들판에는 억새가 나부끼고 두엄더미에서는 거름이 썩느라 허연 김이 나는 곳.

이제 시골은 도시민들의 휴양소로서 역할을 하기 위해 편의시설을 마련하고 그들의 입맛에 맞는 볼거리, 할 거리를 만드느라 분주하다. 그 길밖에 살길이 없다고 말들 하지만 우리네 터전과 사는 모습을 돈으로 바꾸기 위해 지금보다 훨씬 똑똑해 져야 하는 우리들이, 어느 날 자신의 의사와는 아무 상관없이 뿌리 채 들려나간 소나무처럼 그냥 좀 슬프다. 예전에 헐값에 팔아넘겨버렸는데 자고 나면 튀밥 튀기듯 불어나는 몸값을 지닌 귀하신 땅에서 짓는 농사, 대물림농부들이 남의 땅에 돈도 되지 않고 몸만 고달픈 농사를 지어야 하는 것은 더 슬프다.

경자(耕者)가 유전(有田)해야 함은 자명한 사실인데, 지금도 개발이니 뭐니 해서 한바탕씩 회오리바람이 지나가면 돈 있는 사람들에게 땅이 넘어가니 말이다.

자꾸만 개발에 밀려 설 곳을 잃어버리는, 평생 농사만 짓던 사람들은 다 어디로 가야하는지.

시원스레 밀어 버리고 만든 아스팔트길엔 중앙선을 그린 노란 페인트가 눈이 부시도록 선명하다. 이 좋아진(?) 길을 차들은 더 쌩쌩 달릴 것이고, 경운기에 의지해 농사를 짓는 장씨 아저씨도, 아직도 밭에서 푸성귀를 조금씩 머리에 여 나르는 진아댁 할머니의 꼬부라진 허리도 얼마나 더 움츠러들 것인지….

공단지역을 지나는 마음이 착잡해 올려다 본 파란 가을하늘은 고압선에 잘린 조각조각 하늘이다.

아름다움의 조건

— 홀스타인 품평회에 부쳐

우리 산(山)이의 잘생긴 얼굴에는 기품이 있다. 산이의 잘생긴 얼굴에 흐르는 고독감은 그를 한층 귀족적이게 만든다.

어쩔 수 없이 늘 묶여 살아야 하는 팔자인 산이는 한창 때의 넘치는 '끼'를 감당하지 못해 더 외로워 보인다. 그의 몸 전체를 흐르는 근육질의 단단함과 날카로운 눈빛, 말아 올린 꼬리에서 풍기는 고집스러움이나 낯선 이를 보면 서슴없이 이빨을 드러내며 으르렁거리는, 진돗개 본성을 아낌없이 분출하는 산이는 잘생긴 외모 때문에 더욱 더 고독한 귀족이다.

우리 마음속에는 아마도 완벽한 아름다움에 대한 어떤 원초적인 그리움이 존재하는지도 모른다. 나는 그런 인간의 원형(元型)을 황진이에게서 찾는다. 불후의 명작을 탄생시킨 많은 예술가들의 혼(魂)은 시대를 불문하고 이어져 내려오지만, 거기에 절세가인이라는 평가가 더해지면 그에 대한 평가는 상한가를 치게 된다. 그것은 아름다움에 대한 인간들의 근원적인 동경을 나타내주는 증거다.

이웃의 청년이 황진이에 대한 상사병으로 세상을 버린 뒤 상여가 그녀의 집 앞에서 움직이질 않아, 속치마를 벗어 덮어 준 그날 이후 기생이 되었다는 황진이.

송도삼절이라 스스로 일컫고 거침없이 사랑했던 여인.

풍류에 능하고 시문에 능해 당대 문장가들과 당당히 겨뤘다는 절색 황진이를 기생이라 하여 폄하하는 사람은 없다.

사람이든 짐승이든 자신의 모습을 선택해서 태어날 수는 없는 노릇이다.

하지만 동물도 옷도 잘 입고 잘생긴 얼굴로 태어난다는 것은 확실히 축복이다. 이런 동물들은 그냥 괜히 바라보기만 해도 좋고 마음이 흡족하기 때문이다. 특히, 우리는 개를 기르면서 속으로 반성을 많이 한다. 생김이야 자신의 노력으로 어쩔 수 없는 것임에도 불구하고 은근히 우리 '산이'같이 잘생긴 녀석한테는 눈길이라도 한 번 더 주기 때문이다.

아름다운 젖소의 기준은 유용성에 기초한 아름다움이다. 그들의 아름다움이 젖을 많이 생산하고 오래 살 수 있어 경제적으로 유용한가에 기준을 둔다. 그러므로 젖을 짜는 게 목표인 젖소는 유방을 가장 중점적으로 보게 된다.

해마다 8월이 되면 낙농인들은 10월의 축제에 대비해 손길이 바빠진다. 등록된 소를 대상으로 각 목장마다 '홀스타인 품평회'에 출품할 소를 선정한다.

일정한 기준에 의해 선정된 소는 순치교육과 워킹연습을 통하여 쇼에 참가할 수 있도록 훈련을 시키는 한편, 털은 가장 보기 좋은 상태로 깎고 등줄기 털도 무스를 발라 날렵하게 세운다. 목욕을 시키고 꼬리도 털을 펴서 한껏 멋을 내게 된다.

해마다 10월 12, 13일 양 이틀간에 열리는 홀스타인 품평회는 대단한 축제로 치러진다. 12일 아침부터 대회참석을 위해 전국각지의 소들이 속속 도착하고 축주들은 소를 가꾸느라 여념이 없다. 낙농 관련 업체에서는 부스를 설치하여 간단한 간식들도 준비해 놓고 관련기술과 정보들을 교환하는 매개역할을 한다. 오랫동안 못 만났던 전국의 낙농인들이 서로 만나 정보와 친교를 나누고,

가을바람에 한껏 멋을 내고 나온 목장여인네들의 웃음소리가 푸른 하늘에 맴돈다. 행사장이 있는 안성 부근에서는 일반인들이나 어린 학생들이 관람을 오기도 한다.

푸르스름한 힘줄이 정교하게 드러난 터질 듯한 유방을 자랑하는 소들을 바라보는 마음은 이루 무어라 형언할 수가 없다. 우리는 그 아름다움에 전율한다. 가장 아름답게 부풀어 오른 유방을 보여주기 위해 주인들은 밤잠을 설치고, 소들 또한 많은 힘겨운 과정을 거쳐야 한다.

낙농을 하는 이들이라면 자신의 소가 한 번쯤은 그랑프리를 거머쥐는 영광을 꿈꾼다. 입상 축들에 대해서는 아낌없이 축하를 해주며 속으로는 마냥 부러워한다. 거기서 느끼는 부러움은 아름다운 소를 길러내기 위한 끊임없는 우리의 노력으로 이어진다.

우선 혈통을 살펴서 근친이 되지 않고 어미의 부족한 점을 채울 수 있는 최적의 종모우를 선택해서 낳은 암송아지는, 어릴 적부터 잔병치레 없게 좋은 풀을 먹여서 아름다운 젖소의 기준에 맞도록 길러내게 된다. 목이 길고 다리도 길어야 하고 유방이 충분히 발달 될 수 있도록 뒷다리 쪽에 살이 찌면 안 된다. 뱃구레는 충분히 발달시켜 날렵하면서도 강건한 소로 키워내야 한다. 이런 끊임없는 혈통 개량에 대한 노력들은 매년 홀스타인 품평회라는 잔치마당에서 한바탕씩 겨루는데, 여기서 좋은 결실을 맺기 위해서는 오랜 시간 동안 꾸준히 개량에 대한 노력을 게을리 하면 안 된다.

이런 기준에 맞는 젖소들은 수명도 길고 젖 생산도 많아 뛰어난 경제적 가치를 지닌다. 젖소의 아름다움의 가치는 단순히 외적인 것이 아니라 훌륭한 젖소로서의 역할이 충분히 발휘될 수 있는가를 기준으로 삼듯이, 사람들의 미의 기준도 너무 외적인 것에 천착하지 말아야 하는 게 아닐까?

모든 것이 화려해 지고 못 생긴 것은 용서 할 수 없다는 외모지상주의가 횡행한다. 그러나 내면에서 우러나오는 아름다움과 자기 일에 대한 확신, 세상을 향한 따뜻함과 친절함이 없는 알맹이 없는 아름다움은 극히 일회적일 뿐이다.

황진이의 아름다움이 당당함과 재능에서 비롯되었듯이 우리 '산이'의 아름다움은 잘생긴 외모뿐만 아니라 그의 근성에서 비롯되었다.

이제 축제는 끝났다. 축제가 끝난 후 우리는 다음에 더 아름다운 소가 탄생하기를 바라는 충실한 목부로서 소임을 다하며 후일을 기약할 것이다.

(2005.11.월간피드저널)

엄마와 랑케

젖소에 대해서 인터넷에서는 뭐라고 이야기를 하나 싶어서 검색창에 '젖소'라고 쳐보았다. 세상에나! '젖소부인' 운운하는 것이 맨 위에 올라와 있고, 낙농전문사이트는 아래쪽에 위치하고 있어서 좀 마땅치가 않았다. 그런데 그 사이로 '수컷젖소'에 대한 글이 있어서 클릭해 보았다.

이야기인즉슨, 회식자리에서 우유에 대한 이야기를 하다가 한 번도 생각해 보지 않은 동물 수컷젖소에 대해서 생각해 보았는데, 자기 이름도 없는 이 동물은 아마 가짜한우라는 이름으로 존재할 것이다. 이름도 없이 누군가의 대역으로만 존재하는 슬픈 인생이란 생각이 들었고 더불어 자신의 인생은 어떤가 하는 생각을 해보았다는 그런 철학적인 질문을 던지는 내용이었다(블로그 파란.com leebrowny에서).

그냥 지나가는 생각처럼 한 말인데 이 사람의 생각은 꽤 여러 가지 생각을 하게 했다. 사실 젖소수소는 예전에야 가짜 한우로도 팔린 적이 있겠지만 지금은 '육우'라는 이름으로 대형마트에서 팔린다는 내용의 댓글을 달면서, 우리도 이렇게 젖소수소의 경우에서 보듯 그냥 습관처럼 당연하게 여기며 모르고 사는 것이 얼마나 많을까 하는 생각이 들었다.

가끔씩 일반인을 대상으로 강의를 나가서 질문을 해보면 젖소는 다 그냥 우유가 나오는 것이 아닌가라는 대답을 하는 사람이 의외로 많다. 그러다 젖을 만들어 낼 수 있는 것은 포유동물의 암컷이고, 그 암컷이 낳은 새끼를 먹여서 키우기 위해 나오는 것이 젖이라는 점에 생각이 미치고 나면 설왕설래를 하게 된다.

아마도 암컷에게서 젖이 나올 것이 분명하지만, 그럼 어느 시점부터 젖이 나올 것인가라는 이야기를 하면 참석자들이 잘 모르겠다고 해서 한바탕씩 웃곤 한다. 나 같은 젖소 엄마 입장에서 보면 당연한 것을 모르는 사람들이 이상하게 느껴질 법도 하지만, 대부분 자신의 관심사가 아닌 것은 그렇게들 아무 생각 없이 지나가는 일이 다반사다.

목장을 하는 남편과 연애하던 시절에 행주산성 쪽으로 드라이

브를 나갔던 날이었던 것 같다. 운전을 하던 그가 갑자기 "아니, 여임씨는 아기도 안 낳았는데 젖이 나와요?" 하면서 정색을 하고 소리를 질렀다. 하도 어이가 없고 망측해서 멍하니 쳐다보는데 웃음이 나왔다. 내가 또 웃으니까 하는 수 없이 따라 웃으면서 도대체 그게 뭐가 우스우냐고 되물었다. 남편의 목장에 처음 가보고 나서 며칠 뒤에 나는 갑자기 젖소라면 다 젖이 나오나 궁금한 생각이 들었다. 진지하게 물어보니까 나를 쳐다보던 남편이 "그걸 말이라고 해요. 아니 젖은 암컷이 새끼를 낳아야 나오는 거지 어떻게 다 젖이 나와요?" 하면서 별걸 다 묻는다는 투로 핀잔을 했다.

"그래요? 젖소도 송아지를 낳아야 젖이 나와요?" 하고 물었더니 이번에는 아주 말도 안 된다는 듯이 힐끗 쳐다보기만 하고 대꾸도 안 했다. 그런데 그 말이 어찌나 우스운지 계속 웃었더니 대뜸 소리를 지르는 것이었다.

지금 생각해 보면 참 바보 같기 그지없는 질문이지만 젖소라고는 생전 처음 본 데다 한 번도 젖소라는 동물에 대해서 깊이 생각해 본 적이 없었기 때문에 아무 생각이 없었다는 표현이 더 옳았다.

그것은 대학 1학년 때 문화사 수업을 마치고 돌아오던 어느 날 오후, 동네어귀에서 문득 부딪혔던 의문, '우리 엄마는 랑케를 알고 계실까?' 하는 그 의문을 생각게 한다. 서양사학자였던 L교수의 독일의 역사가 '랑케와 부르크하르트'라는 강의를 듣고 집에 돌아오던 중에 느꼈던 그 갑작스런 생각에서 나왔던 것들을….

집에 들어서자 반가이 맞이하는 엄마는 당연히 랑케를 모르시는 것이 분명한데 이 세상에 얼마나 많은 것이 존재하는지 모르고 사시는 엄마가 갑자기 불쌍하게 느껴졌다. 그 날의 다소 엉뚱한 상념들은 이후로도 가끔씩 내게 어떤 생각거리를 제공했다.

어느 날 꿈에서였다. 어딘가 외출을 하려고 정성껏 치장을 하고 머리도 공들여 만지고 잔뜩 뽐내며 집을 나서다 대형 유리창에 비친 뒷모습을 우연히 보게 되었다. 회심의 미소를 짓던 나는 그만 소스라치게 놀라고 말았다.

내 뒷머리는 온통 노인처럼 하얗게 세어 있었던 것이다. 외마디 비명을 지르며 꿈에서 깨어나 잠을 이룰 수가 없었다.

지금껏 볼 수 있는 것만 진실이라고 믿고 살지는 않았는지, 내 눈으로 들여다 볼 수 없는 나의 내면은 사람들에게는 어떻게 보이는 걸까, 내가 아는 것은 얼마나 보잘것없고 모르는 것은 또 얼마나 많은지 이런저런 생각이 들어서였다.

그러나 삶에는 지식보다는 지혜가 더욱 필요하고, 자신의 능력 안에서 경험을 토대로 성실히 살아가는 것이 아름답다는 것을 이제는 깨닫는다.

삶 속에 녹아 든 세상을 관조하며 어려움을 견디는 힘은 어떤 서투른 지식보다 세상을 살아낸 연륜을 지닌 사람들의 지혜에서 나온다는 것을….

이런 일련의 경험들은 사소한 일도 깊이 생각해 보는 습관을 갖게 하고 지적인 오만과 편견을 깨우쳐 주는 좋은 스승이다.

양순이 추억

양순이!

왜 우리는 그때 양순이라고 이름을 지었을까?

한참 강아지를 들여다보던 남편이 "그놈 참 선량하게 생겼다. 양순아!"하고 불렀다. 그래서 양순이가 되었던 것 같다.

열 살 먹던 해 왜 그렇게 아프던지, 한 보름을 시름시름 앓더니 집을 향해 머리를 둔 채 죽고 말았다. 얼마나 슬펐는지 애들은 엉엉 소리를 내어 울었다. 목장 맞은 편 언덕에 정성껏 묻은 후에 아이들은 '우리 양순이 산소'라고 써 붙인 나무십자가를 만들어 무덤에 꽂았다. 아이들은 산에서 진달래도 꺾어다 무덤에 꽂아주고 매일매일 들여다봤었다.

귀는 쭈뼛하고 윤기 나는 검은 털에 보드라운 누런 솜털이 배에 나 있는, 잘생긴 얼굴에 너그러움과 평화가 가득한 세퍼트 양순이는 주변에 닭이 돌아다녀도 쫓지도 않고 해치지도 않았다.

그런 양순이가 어느 날 아침 풀 섶을 헤매다 왔는지 축축하게 젖은 몸에 흙투성이를 하고 마당에 와서 픽 쓰러지는 것이었다. 놀라서 달려가 보니 입에서는 거품이 나왔다. 어디 가서 쥐약을 먹은 것이 틀림이 없었다.

작은 애와 같은 달에 태어났던 양순이는 한 달 만에 젖살이 포동포동한 채로 우리 집에 왔다가 한 삼년, 애기가 개하고 놀아 줄 만하게 자랐을 때 그만 그렇게 허무하게 가버리고 말았다.

우리 부부는 상실감을 이기지 못하고 옆 동네 양순이의 형제를 키우는 집에 가서 사정을 했다. 마을 초등학교 선생님이 이사 가면서 분양하고 간 강아지들은 얼굴이 그만그만하게 닮았었다. 다행히 안주인인 서울 새댁이 개를 싫어해서 데리고 왔는데 그 개는 순하질 않았다. 먼저 주인이 뙤약볕에 묶어 놓고 물도 잘 안주고 예뻐하지도 않았다고 했다. '폴'이라는 자기이름을 놔두고도 우리 맘대로 양순이라 불렀으니 그 또한 심사가 편했을 리가 없을 터였다.

그렇지만 지극정성으로 대하니 차츰 뾰족했던 성깔도 누그러지고 우리를 믿고 따르며 애들에게 친구노릇을 톡톡히 했다. 외진 곳에 살아서 별 친구 없이 사는 애들은 양순이를 올라타고 맘 놓고 만지기도 하며 같이 놀았다.

양순이는 이따금씩 유치원까지 따라가 끝날 때까지 기다렸다가 애들하고 같이 돌아오곤 했었다.

한 마리의 양순이가 3년을 살고 또 다른 양순이가 우리 집에서 7년을 살았다. 우리 집에서 처음으로 키운 개, 양순이에 대한 우리의 사랑은 참 넓고도 깊었다.

이제 오랜 세월이 흘러 양순이에 대한 기억은 희미한데 요즘 그 애가 생각나는 일이 생겼다. 놀랍게도 뒤꼍 가스통 옆에 누런 암탉이 알을 품고 있기 때문이다. 등성 너머 별장 집에서 키우는 닭이 울을 넘어 우리 집까지 온 것 같았다.

날마다 모이를 주러 쌀을 한 움큼씩 들고 가도 도망갈 생각을 않고 알을 품는 어미닭을 보며 그 진지함에 마음이 숙연해졌다. 제대로 먹지도 못하는 닭은 조금 조금씩 야위는 것 같았다. 덩달아 수탉도 한 마리가 따라와서 날마다 울어대는데 시끄럽기는 하지만 나름대로 암탉을 지킨다는 사명감인 것 같아서 그냥 봐주고 있었다. 물론 쌀도 수문장을 자처한 수탉 몫이라는 것을 짐작하기가 어려운 일은 아니었다.

근 이십 년은 된 것 같다.

어느 봄날 뒷산에 고사리를 꺾으러 올라갔는데 아랫집 토종 닭 한마리가 노란 병아리를 너덧 마리 데리고 산에서 내려오고 있었다. 이른 봄부터 부지런히 산을 오르내리더니 아마도 알을 깐 모양이었다. 보송한 노란 솜털이 하도 예쁘고 삐악거리는 것이 신기해 바라보는데 난데없이 양순이가 달려들었다. 창졸간에 일어난 일이라 말릴 틈도 없이 혼비백산해 있다가 정신을 차려보니 어미닭은 울면서 아랫집으로 가버리고 양순이는 입맛만 다시고 있는 것이었다.

그것은 대단한 배반이었다. 또 다른 양순이가 어떻게 순식간에 그 예쁜 병아리를 다 삼키고 입맛 한 번 다시고 시침을 뚝 땄는지 알 수가 없다. 그 이후 나는 한동안 아무에게도 그 이야기를 하지 못했다.

얼마 전에 아랫집 강아지가 우리 뒷마당에 마실을 왔기에 혹시라도 닭을 발견하고 일을 낼까봐서 혼쭐을 냈다. 간혹 어미닭이 둥지를 비운 사이 알을 들여다보면 점점 관록이 붙어가는 것 같이 색이 조금씩 변하는 듯 했다. 그럭저럭 날짜를 짚어보니 알을 품기 시작한 지 이십 일이 넘은 것 같아 마음이 두근거렸다.

그런데 며칠 전 쌀을 주려고 가니까 품던 알이 자취를 감추어 버렸다. '아니, 어쩌면 이럴 수가!' 알이 깼다면 껍질이라도 있고 약간의 흔적이라도 남았을 텐데 도대체 무슨 조화 속인지 알 수가 없었다. 어제 닭이 잠시 와서 빈 둥지를 품다가 가버리더니 다시 오질 않았다. 수탉도 물론 오질 않고.

그냥 막연하게 짐작을 할 뿐이다. 병아리가 깨면 모기장으로 집을 지어 좁쌀을 먹이면서 방에서 키워야 하나 어쩌나 고민했던 일들이 부질없기만 했다.

양순이의 비리보다도 더 마음 한구석이 우울하기도 하고 개운칠 않았지만, 내 생각은 여기서 멈추기로 했다.

더 하면 아마도 죄 되는 생각을 할까봐서….

약속한 게 사람이다.

우유는 사랑입니다

— 고3 수험생들을 위하여

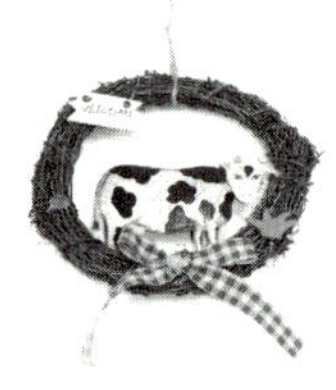

막내 녀석은 편지를 쓸 때 봉투에 꼭 아버지 엄마 이름을 나란히 적어 보낸다. 연필로 또박또박 눌러 쓴 편지에는 집 떠나 3년 동안 외롭고 힘들었던 일, 많은 것을 혼자 결정해야 했던 이런 저런 청소년기의 갈등을 거쳐 이젠 혼자 사는 법에도 익숙해져 있다고 했다. 신앙 속에서 또 부모와 친구 때문에 많이 성숙한 시간들이었다는 말도 있고, 정말 자신의 학교를 사랑한다는 내용도 있었다. 거기다 지난주에 본 수시 시험의 합격과 자신을 위해서 많은 기도를 부탁한다는 가슴이 먹먹해지는 글이었다.

막내를 지방의 미션스쿨에 입학 시키고 돌아오던 날, 눈이 붓도록 울었던 기억이 새롭다.

유난히 별자리에 관심이 많던 녀석은 천체망원경을 사겠다고 열심히 저축을 했고 방 천정에는 별자리 스티커를 빼곡히 붙여 놓았었다. 형광스티커는 캄캄한 밤이 되면 꿈을 꾸는 것처럼 반짝였다. 녀석 때문에 가슴에 찬바람이 지나가면 아들 방 침대에 누워 별들이 꿈꾸는 천정을 올려다보았다. 의자를 놓고 올라가 고개를 젖히고 저 작은 별들을 하나씩 하나씩 붙여가며 아들은 무슨 생각을 했을까. 우리 아들은 잠들기 전 저 별자리를 보며 어떤 꿈을 키웠을까, 그는 지금 자신이 꿈꾸던 대로 살고 있는 걸까, 이어지는 긴 생각 끝에 베개에 얼굴을 묻곤 했었다.

한창 자랄 나이에 기숙사 밥 이외에는 사 먹을 것도 마땅치 않고 과일도 제대로 못 먹고 온통 걸리는 것뿐이었다. 그러나 가끔씩 집에 오는 아이는 삐쭉 키가 크고 있었다. 아이는 그냥 우유만 많이 먹는다고 했다.

아이에게 우유는 엄마도 되고 아빠도 되고 그리운 고향도 되고 보고 싶은 누나들이기도 했을 것이다.

어느 날 "엄마, 급식우유를 많이 먹으면 어떨까?" 하고 녀석이

묻기에 아주 좋은 생각이라고 맞장구를 치고 나서 하루에 급식 우유를 네 개씩 먹는다.

늘 바쁜 엄마를 돕느라 그런지 그는 아주 건강하고 — 많은 고3 엄마들이 그러는 것처럼 보약을 지어오는 일 등을 절대 사양하며 — 아주 씩씩하다.

아들과 나는 그것이 우유를 많이 먹기 때문이라고 굳게 믿는다.

제법 가을이 깊어진 요즘 새벽은 일하러 나가기에는 쌀쌀함에 어깨가 움츠러들지만 언제나 떠나있는 자식들을 생각하며 활기차게 새로운 아침을 연다.

어느새 3년이라는 시간을 채우며 지금 모든 열정을 다해 마지막 정리에 몰두하고 있을 고3 수험생 아들의 흰 새벽을 생각하며 더 씩씩하게 일하고 열심히 살아간다.

비록 지금은 아니지만 입시지옥에서 사는 대한민국의 아이들이 학교에서 그들이 원하는 때에 원하는 만큼 우유를 마음 놓고 먹을 수 있는 날이 올 거라고 믿는다.

나는 더욱 더 정성을 다해 좋은 우유를 생산하기 위해 노력할 것이다.

나의 아들딸들이 먹을 우유니까, 우리 부모 형제 조카들이 먹을 우유니까, 그래서 우유는 사랑이라고 하는 것이지.

사랑하는 내 아들, 그리고 아들과 선의의 경쟁자인 이 땅의 모든 수험생들, 파이팅!

(월간 우유사랑. 2004. 11)

위스콘신에서 띄우는 편지

사랑하는 엄마!

여기 미국입니다.

엄마는 미국에 한 번도 안 와 보셨지요? 저도 처음 왔습니다.

미국의 중동부에 있는 위스콘신은 농업을 주로 하는 곳인데 특히 낙농이 아주 발달된 곳이지요. 직접 오는 비행기가 없어서 시카고 오하레 공항에서 작은 비행기로 갈아타고 열다섯 시간이 걸려서 왔습니다.

언감생심 큰며느리가 차례도 못 올리고 미국에 와서 명절을 보낼 거라고는 생각도 못했지만, 가족들의 이해로 이렇게 '국제여성 낙농인 포럼'에 한국대표로 참가하고 있습니다.

이번 대회는 1차 호주대회에 이어 두 번째 열리는 대회로 세계적인 낙농박람회인 '월드 데어리 엑스포'와 연계해서 열리기 때문에 포럼이 끝나면 엑스포 관람하고 10월 3일에 귀국을 하게 되어 있습니다.

선진국이나 후진국이나 낙농하는 여성들의 고달픔과 애환은 여전하지만 인류에게 고품질의 영양식을 제공하는 생산자로서 '우리는 모두 하나다'라는 동지의식이 열기를 더했습니다.

다들 어렵게 시간을 내서 왔기 때문에 모인 자체만으로도 의미가 있었고 특히 환경낙농에 대한 관심들이 깊었습니다. 갈수록 환경규제는 심해져 너나없이 힘든 상황임을 알 수가 있었습니다. 낙농을 하는 사람들을 만나면 어딘지 모르게 동지애가 솟아올라, 못하는 영어로 수다도 떨고 손짓 발짓으로 금방 친해졌어요. 물론 통역해 줄 젊고 유능한 박사님과 같이 왔습니다.

저는 아시아 대표로 특별히 30분 강의시간을 받았습니다. 파워포인트로 강의 자료를 만들어서 한국의 낙농과 여성 낙농인들의 활동을 소개하였습니다. 못하는 영어로 너스레를 떨고 나니 모두 "액셀런트, 원더풀!" 그러더라고요. 아주 훌륭하다는 뜻입니다.

이번 대회를 대표하는 언어는 '열정'이었습니다. 낙농업에서 여성이 차지하는 비중이 큰 것에 비하면 출발은 좀 늦은 감이 있지만 전 세계 여성 낙농인들을 아우를 수 있는 좋은 기구로 발전해 가길 빌며 4년 후를 기약했습니다.

위스콘신은 가도 가도 끝없는 옥수수 밭과 콩밭을 어디서나 볼 수 있습니다. 목장규모도 우리와는 비교할 수도 없이 큰 곳이 많지요.

저는 그걸 보면서 국토가 좁아 여건이 나쁜데 어떻게들 그렇게 낙농을 잘하는지 우리나라 사람들의 위대함을 다시 느낄 수 있었습니다.

2대 회장인 롱 체니 여사는 11개월 된 쌍둥이의 어머니로 매우 아름다운 여성인데 회의장까지 아기들을 데려와서 자연스럽게 젖을 물리는 모습이 인상적이었습니다. 체니 여사와 그녀의 어머니와 두 딸 그렇게 같이 사진을 찍었는데 체니의 3대는 정말 똑같이 닮아서 참 신기했습니다.

어제 저녁에는 주정부청사에서 리셉션이 열렸습니다. 음식은 위스콘신에서 생산되는 치즈와 포도주가 주종을 이루었습니다. 위스콘신주정부는 치즈생산에 굉장히 자부심이 강한 정부로 지원을 아끼지 않는 것이 부러웠습니다. 그 다채로운 치즈 종류와 포도주를 한 잔씩 마시면서 많은 이야기를 나누었습니다.

무엇보다 거기서 엘리스를 만난 것은 행운이었습니다.

위스콘신 농업홍보대사인 스물 한 살의 엘리스 벳시 프랑수아는 상당히 사교적이고 열정적인 사람인데, 농업관련 행사에서는 어느 곳에서든지 그녀를 만날 수 있었습니다. 엘리스제도는 우리나라에도 도입해 보면 좋을 듯한 제도입니다.

엄마!

호텔 창밖으로 보이는 팔월 보름달이 얼마나 밝은지 가슴이 두근거려 그냥 있을 수가 없어 살그머니 밖으로 나갔습니다.

달빛이 부서지는 이국의 밤은 아름답고도 슬펐습니다. 미국에서 보는 달이나 한국에서 보는 달이나 가슴을 아릿하게 만드는 아름다움은 여전했습니다. 바람이 불어 나뭇잎이 사각거리며 정갈한 호텔 앞마당에 뒹굴어 콧날이 시큰해졌습니다.

예전에 시집 와서 몇 년 동안 달만 밝으면 엄마가 보고 싶고 슬퍼서 혼자 울기도 하고 그런 거 모르시지요?

금산장에 가셔서 제일 좋은 것으로 골라 목화솜을 사 오셨던 아버지, 보름달 뜨는 날을 길일(吉日)로 삼아 평탄하게 인생을 사신 동네 아주머니들 모셔다 찰떡 해놓고 둥실 뜬 보름달처럼, 차진 찰떡처럼 그렇게 세상을 환하고 복되게 살라며 혼수이불을 꿰매셨다던 엄마. 저는 그 이야기를 들은 다음부터는 달만 뜨면 엄마 생각이 났습니다.

목장 하면서 특히나 아쉬운 것은 명절 때 한 번도 못 찾아뵙는 것입니다. 그렇다고 평소에 자주 가는 것도 아니고 기껏해야 일 년에 서너 번 가기도 힘든데, 돌아가시기 전에 자주 가서 뵈어야지 하면서도 왜 그렇게 안 되는지 모르겠습니다. 자식 챙기는 것 반만이라도 부모님 생각을 하면 천하에 다시없는 효녀가 될 텐데 말입니다. 늘 부족하기만 한데 미국에서 바라 본 달이 철들게 하는 것 같습니다.

열심히 성의껏 세상을 사는 방법을 가르쳐주신 부모님께 감사드립니다.

엄마, 일정 잘 마치고 돌아가서 찾아뵐게요.

아! 아버지 안부가 빠졌군요.

안녕! 사랑하는 우리 엄마 아버지.

— 위스콘신에서 2004년 9월 27일 한국의 추석날 작은 딸 올림

장래희망

소는 하루에 13시간 정도를 앉아(혹은 누워)있다고 한다.

네발 달린 동물은 누워 있는 것인지 앉아 있는 것인지 구분하기가 쉽지는 않다. 누워 있다는 것은 사람의 기준에서 보면 팔다리를 쭉 뻗고 몸을 바닥에 눕히는 것인데, 흔히 젖소는 서있지 않으면 그냥 앉아 있다고 표현한다.

간혹 정말로 네발을 쭉 뻗고 죽은 것처럼 누워 있을 때가 있다. 처음에는 어찌나 놀랐는지 가서 흔들어 보면 뻘겋게 충혈 된 눈을 잠시 떴다 도로 잠에 곯아떨어지는 경우도 있었다. 이놈들은 누우면 두 다리가 들려서 정말 죽은 것 같지만 아마 깊은 잠을 잘 때

그러는 것 같다.

대부분 소는 앉아서 몸을 구부린 채로 자는 경우가 많고 직접 확인한 적은 없지만 때로는 서서 자기도 한다고 한다. 나름대로 생각해 보니까 앉아서 고개를 들고 있으면 앉아 있다고 말하고, 고개를 숙여 몸에 대고 있으면 누워 있다고 해도 맞는 것 같다. 아무튼 젖소들이 하는 일이란 밥 먹고 젖 짜고 똥오줌 누고 좀 어슬렁거리는 것을 빼고는 거의 앉아 있다는 이야기가 된다.

큰 아이가 초등학교 1학년 때 자모회에 갔던 날이었다. 선생님께서 아이들이 장래희망을 써냈는데 우리아이가 '소'라고 적었다고 했다. 뭘 잘못 쓴 줄 알고 아이를 불러서 물어 보니까 맞는다며 고개를 끄덕였단다. 나는 놀라서 입을 다물 수가 없었다. 아니 사람이 할 수 있는 그 많은 일 다 놓아두고 하필….

부모 심정이란 것이 비록 능력이 미치지 못하더라도 아이가 좀 더 큰 꿈을 이야기해 주길 바라는 것이 당연지사인데 겨우 소가 되고 싶다니 분통이 터졌다.

집에 돌아와 아이에게 정말로 소가 되고 싶으냐고 물었더니 천연덕스럽게 그렇다고 했다. 이유를 들어 보니 소는 공부도 안 하고 만날 놀면서 껌만 씹으니까 소가 너무 부럽다는 것이었다. 앉아서 무심히 되새김을 하는 것이 어린아이 눈에는 아마 껌을 씹는 것처럼 보인 모양이다.

한 학년에 열댓 명 되는 마을의 작은 초등학교를 다니긴 했지만 첫 아이에 대한 기대를 잔뜩 하고 있는 내게 이것은 웃지 못 할 일이 되고 말았다.

유아원 재롱잔치에 가면 장래희망이 버스 안내양이라고 하는 아이도 있었다.

돌아가면서 노래를 하는데 '나는 나는 될 터이다. ○○○가 될 터이다' 하고 노래를 하면 듣고 있던 친구들이 '옳다 옳다. 너는 ○○○이 되어라' 하고 받는다. 감색 제복에 베레모를 쓰고 작은 가방을 멘 언니들이 손바닥으로 버스를 탕탕 치면 버스가 가기도 하고 서기도 하는 것이 신기했던 모양이다. 우리는 눈물나게 웃으면서도 '맹모삼천지교'를 생각하지 않을 수 없었다. 하기야 우리 아들 녀석은 장래희망이 '마을이장'이었으니까 더 말할 필요도 없긴 했지만.

우리 어릴 적에 학교에서는 곧잘 장래희망을 써서 내게 했다.

그때는 사내아이들은 대통령, 과학자, 법관, 의사, 국회의원 등을 써서 냈고 계집아이들은 대부분 현모양처, 선생님이라고 썼던 것이 모범답안이었다. 그런데 어릴 때 생각으로도 누구나 다 쓰는 현모양처라고 쓰는 것은 어쩐지 멋도 없고 좀 싱겁다는 생각이 들었다. 신문기자가 되겠다고 써서 내니까 선생님께서 칭찬을 해주셨다. 기차도 한번 못 타 보고 서울도 못 가 본 애들이 한 교실에 반 이상이 훨씬 넘는 시골학교에서는 그것이 당연한 것인지도 몰랐다. 여자들은 시집을 잘 가는 것이 목표였던 시절이었으니까.

그러다 보니 나중에는 더욱 시시한 것은 쓸 수가 없게 되어버리고 말았지만 사실 지금이라면 아마도 현모현처(賢母賢妻)라고 썼을지도 모르겠다.

현명한 아내와 어머니가 된다는 것은 매우 중요하고 당연한 일이니 말이다.

얼마 전에 딸아이한테 그런 이야기를 했더니 자기가 그랬다는 것을 믿을 수가 없다면서 막 웃었다. 그러면서 생각나는 재미있는 이야기가 있다며 들어보라고 했다.

어떤 남자가 신경정신과를 찾아가서 심각하게 상담을 했다.

"저는 자꾸만 소가 되는 상상을 합니다."

"언제부터지요? 중학교 때부터? 아니면 고등학교 때부터?"하고 물으니까 대답하기를,

"아니요, 송아지 때부터 그랬는데요."

"……"

한가한 소를 보고 있노라면 저 애들에게도 '장래희망'이란 것이 있을까, 도대체 무슨 생각들을 할까 궁금해진다.

연구에 의하면 소들도 미래에 대해 걱정을 한다고 하지만 글쎄 과연 그럴까?

그들은 배부르고 본능적인 요건들만 충족되면 아마도 행복을 느낄 것이다. 물론 아무 걱정도 없을 것 같기도 하고 인간사회처럼 복잡하게 얽혀 있지도 않을 테니까, 소처럼 단순하고 무심하게 살아도 괜찮을 거라는 생각을 해본다.

4장

행복한 조란목장

각자는 무상치 角者無上齒

아버지는 올해로 아흔 하나시다.

일제강점기에 태어나 무능한 선친을 두신 탓에 참 고생도 많이 하시고 평생 불학무식하다고 한이 많은 분이시다. 아호(雅號)가 혜헌(惠軒)이셨던, 한학에 능통한 할아버지를 두고도 야학에서 한글만 간신히 깨치신 분이다. 그나마도 상놈(산지기의 아들)이 가르치는 야학에 다닌다고 작대기찜질을 하셔서 이틀 다니고 못 다니셨단다. 아버지의 배움에 대한 한(恨)은 시골에서 농사를 지으면서도 자식을 끝까지 가르치고자 했던 고집에서 잘 나타난다. 열두 살에 어머니를 잃고 실질적인 가장으로서 할아버지와 형제들을 돌보셨던 아버지께 자식들은 신앙에 가까웠다고 해도 과언이 아니다.

아버지는 신문에 난 한자를 척척 읽고 영어를 읽는 것만으로도 자식들을 대견해 하셨다. 의례히 입학시험 때는 강추위가 있기 마련인데 그 추운 날 시험 다 볼 때까지 밖에서 기다리시는 아버지의 두루마기 품속에는 김이 나는 우유가 들어 있었다. 하지만 따뜻한 우유에 감동하기보다는 추위에 떨고 계시는 늙은 아버지의 초라함에 더 마음이 쓰였었다. 나는 때로 아버지의 고집스럽고 맹목적인 사랑에 넌더리를 내곤 했다. 아버지는 불학(不學)에도 불구하고 우리들이 잘못하면 귀동냥 하신 성현들의 가르침을 인용하셔서 호된 꾸지람을 내리시곤 했다.

'선과 악이 모두 나에게 스승이다(善惡皆吾師)' 라는 구절은 논어에 나오는 글귀다. 아버지 앞에서 무릎을 꿇고 꾸중을 들으면서 "예로부터…" 라고 시작하시면 '뻔하지, 선악善惡이 개오사皆吾師겠지, 아이고 또 저 소리' 하면서 옆에 앉은 동생과 장난을 치다 곱으로 꾸중을 들은 적이 한두 번이 아니다. 그러나 귀에 못이 박히게 들었던 형제들은 무엇을 보든지 배우려는 태도가 몸에 밴 것 같다.

예전에는 곧잘 우스갯소리도 잘하셨다.

'아주 옛날에 하느님께서 흙으로 사람을 만들어서 구우실 때 첫 번이라 잘 몰라서 너무 살짝 구우셨다. 그래서 흰 백인이 되었고 다음에는 조금 더 굽는다는 것이 너무 오래두어 까만 흑인이 나와서 마지막으로 정신을 바짝 차리고 적당히 구웠기 때문에 황인종이 되었단다. 이렇듯 황인종은 하느님께서 가장 심혈을 기울여 만드신 우수한 민족인데 어쩌다 눈 짚고(깊고) 코 큰 서양오랑캐들 문화가 판을 치는지 모르겠다'고 혀를 차셨다. 그리고 구우면서 익었나 안 익었나 젓가락으로 찔러 본 곳이 다름 아닌 배꼽이란다. 가톨릭 대학 신부님께 이 이야기를 했더니 강의 때 써먹는다며 한참을 웃으셨다.

어느 날 목장에 오셔서 소들을 한참 동안 바라보시더니

"애, 에미야, 소는 윗니가 몇 개인 줄 아느냐?" 하고 물으셨다.

"윗니요? 글쎄, 사람처럼 한 열네 개쯤 되지 않을까요?"

"쯧쯧, 열네 개쯤이 뭐냐, 도대체. 각자(角者)는 무상치(無上齒)라고 했거늘."

소는 윗니는 물론 날카로운 송곳니도 없다. 뿔이 있는 동물에게는 날카로운 이가 없다는 뜻인데, 사람이 이것저것 다 가질 수는 없다는 뜻으로 쓰이는 말이다.

아버지를 보면 정말 아무것도 가진 것이 없다. 이는커녕 뿔도 변변치 못한 상태에서 오로지 가족에 대한 헌신적인 사랑만으로 구십 평생을 살아오셨을 뿐이다. 사랑을 위해 손톱 밑이 다 해지도록 고생을 하시고 이젠 늙어 하루하루를 소모하고 계시는 느낌이 든다.

아버지가 살아오신 이야기를 좀 글로 남겨 주십사 부탁드렸더니 기운도 없고 너무 부끄럽고 보잘 것 없어 안 쓰시겠다며 예전에 청년기까지 써놓으신 것도 돌아가신 다음에나 가져가란다. 꼬박꼬박 일기를 쓰시고 기록하시던 분이셨는데 기운이 없어 말씀하시기도 싫다고….

오십이 다 되어도 아버지께 뿔도, 이도 되어 드리지 못하는 자식은 그 부족함이 부끄럽기만 하다.

똑똑한 바보들

젖소의 지능은 얼마나 될까?

요즘 발표되는 자료들을 보면 젖소의 기억력은 뛰어나, 자기에게 위협을 가하거나 때린 사실과 사람을 기억하고 미래에 대한 불안감을 느낀다고 한다.

어떤 근거에 의한 연구인지는 알 수 없지만 이것을 사실 그 자체라고 믿기보다는 오히려 가축을 사육하는 인간의 마음가짐에 대한 권고가 아닐까 하는 생각이 든다. 가축을 키워 인간에게 필요한 식량을 얻어내는 과정에서 비록 그들의 생명을 희생시키기는 하지만 좀 더 생명존중의 정신을 가져야 한다는 것으로 말이다. 인디언들이 당카(들소)사냥을 나갈 때 자신들의 먹잇감이 되어야 할 운명에 처한 소들에게 제(祭)를 지내는 것처럼 그렇게….

젖소의 뇌 크기는 사람의 주먹만하다고 한다.

젖소의 지능이 얼마인지는 확실히 알 수 없지만 그들도 함께 생활하면서 사회적 서열도 있고 나름대로의 행동 특성들이 있다. 일단 우(牛)부인들은 매우 영리하면서도 예민하다. 그러므로 낯선 것에 아주 민감하게 반응한다. 다른 애들이 입 대고 침 묻힌 것 안 먹는 놈들, 바닥이 질척거려 앉을 곳이 마땅치 않으면 잠도 서서 잔다고 여길 정도로 고집스레 서있는 녀석들이 있는가 하면, 질척한 곳이 없으면 굳이 그런 곳을 만들어서 앉아 뭉개는 녀석들도 있다.

특히 자리나 순서에 대해서는 까다롭다. 착유장에 들어오는 순서라든가 운동장에서 앉는 자리, 혹은 착유하는 위치 등, 우사가 계류식(소가 한꺼번에 다 들어 올 수 있는 커다란 우사)인 경우에는 더욱 감탄을 하게 된다. 순서대로 쭉 들어 와서 자기 자리를 찾아가는데 가끔씩 잘 못 찾는 녀석들이 생기면 그 자리의 주인은 절대 다른 데 들어가는 일이 없이 실수한 녀석에게 단단히 주인행세를 한다. 뚜렷한 특징이 있는 것도 아니고 그저 한 마리씩 들어갈 수 있게 파이프로 칸을 구분해 놓았을 따름인데도 용케 그 자리를 찾아 들어간다.

예전에 아이들이 어렸을 때 자잘한 무늬가 있는 똑같은 수저를 사다 주면 그 안에서 아주 작은 차이들을 구분해 놓고 금방 자기 것이라고 선언을 하는 것이 언제나 신기하다는 생각을 했었다. 생각하는 것이 단순하고 맑은 마음을 지닌 어린 아이들의 눈이나 소의 눈이나 비슷한 게 아닌가 하는 생각을 많이 하곤 했다. 세상 온갖 것이 다 들어 있는 어른들의 머릿속에는 그런 사소한 차이점을 발견해 내는 여유도 섬세함도 없기 때문일 것이다.

녀석들이 똑똑하다는 증거는 참 많다. 먹는 것을 한 번 보면 입맛도 까다로워 자기가 싫어하는 것은 기를 쓰고 골라내려고 한다. 지금이야 티엠알(소에게 먹일 모든 사료들을 잘게 자르고 영양성분을 맞추어서 골고루 혼합해 놓은 사료)을 먹이니까 별 문제가 없지만, 전에 여러 가지를 따로따로 먹일 때 보면 싫어하는 것들은 그렇게 큰 혓바닥으로 정확하게 골라내고 먹는 것을 보면 차라리 웃음이 나온다. 호기심이 많은 것은 또 어떤가?

아무튼 조금이라도 낯선 것을 보면 가만두질 못하고 혀로 핥아 보기도 하고 머리로 박아 보기도 하고 발로 슬슬 건드려 보기도 한다.

그런데 이렇게 사람처럼 이런 저런 질서 속에서 살아가며 제법 영리하게 구는 녀석들이 왜 유독 똥, 오줌을 못 가리는지 참 답답하다. 똑똑한 바보들이다. 흔히 지저분하다고 생각하는 돼지도 똥은 한 곳에 누는데 이 녀석들은 아무 데나 눈다. 게으른 놈은 앉은 채로 그냥 싸서 깔고 뭉개는 녀석들도 있으니 정말 알다가도 모를 일이다.

똥이 있는데도 번히 눈을 뜨고도 그것을 그냥 밟고 지나가기가 예사다. 확실한 것은 그들에게 똥, 오줌은 결코 신경 쓸 존재가 아니라는 것이다.

"얘들아, 오줌 똥 좀 가릴 수 없니? 요즘 톱밥도 모자라고 죽겠단 말이다."

'오줌똥 가리는 소가 있다면 얼마나 좋을까?'

첨단생명과학이 한 번 도전해 볼만한 일이 아닐까. 그렇게만 된다면 우리들의 일은 많이 줄어들 것이 분명하고 목장환경은 얼마나 좋아질까,

공상이 분명하지만 이런 공상은 하는 것만으로도 즐겁다.

행복한 조란목장

한번도 다른 직업을 가져 본 적이 없는 나는 가끔 '내가 만약에 다른 직업을 가졌더라면 무엇이었을까' 생각해 보곤 한다. 그러나 아무리 생각해도 낙농을 하는 것보다 더 어울리는 일이 무얼까 생각이 나질 않는다.

아마도 이런 것을 보고 천직이라고 하는 것 같다.

생명을 키워가며 밥을 먹고 산다는 것은 암만 생각해도 특별하고 신기하다.

살아 움직이고 반응한다는 특성 때문에 하루도 편안할 날은 없지만 다양한 기쁨과 보람을 주기도 한다. 비록 낙농이 내 의지에 의해서 선택한 직업이 아니더라도 나는 이것에 아주 만족한다.

'조란 목장'

조란목장은 아버님께서 1973년에 송아지 네 마리로 시작하신 목장으로 아버님의 함자 첫 자인 '조'와 어머님의 끝 글자인 '란'을 따서 만든 이름이다.

목장은 한동안 관리인이 운영하다가 결혼과 동시에 남편에게 경영권이 넘어왔다. 목장으로 시집와서 제일 많이 들은 말이 언제 목장을 그만두는가 하는 말이었다. 혼자 생각으로도 아마 저렇게 목장을 하면 될 일도 안 되겠다는 막연한 생각이 들었지만 별로 개의칠 않았다.

도시계획에 걸려 이전이 불가피한 목장은 새로운 부지를 마련해야 했다. 갓 시집왔을 때 아버님을 모시고 새로 이사 갈 땅을 보러 가자고 했다. 여의도에서 승용차로 한 시간 남짓 걸린 것 같았는데, 비포장도로를 한참이나 달리고 꼬불꼬불하고 울퉁불퉁한 길을 따라 도착한 곳은 그리 흔하게 가 본 적도 없는 아주 시골이었다.

허름한 돈사 옆에는 낡은 슬레이트 지붕을 한 집 한 채가 있고, 풀 섶 오솔길 옆에 있는 뒷간은 참나무 막대에다가 비료포대를 못으로 박아 문을 달아 놓았다. 이웃은 한 집이 있는데 소가 한 마리

있었다. 보호림구역이라 신축을 할 수가 없어서 돈사를 고쳐 우사로 만들어야 하고, 우리는 슬레이트집을 개조해서 살아야 한다고 했다.

뭔가 잘 모르겠지만 지금까지 내가 살던 것과는 아주 다르게 살아야 한다는 것이 느껴졌다.

일단 한적한 시골이라는 건 맘에 들었다. 콩멍석이 널린 아랫집 마당에서는 암탉이 양지 녘에서 꼬박꼬박 졸고, 순박하게 생긴 새댁이 우리를 보고 수줍은 미소를 지었다. 버스가 하루에 여섯 번 다니는 곳, 그곳이 앞으로 우리가 살 곳인데 아버님께서는 10년을 넘기지 말고 서울로 올라오라고 하셨다. 자식은 서울에서 키워야 한다며….

지금 생각해 보면 어이없는 일이지만 그때 우리가 터를 잡은 가장 우선순위는 본가가 있는 마포에서부터의 거리였다. 결국 그런 결정은 20여년이 지난 지금 급속한 도시화로 또 다시 목장 이전에 대해 심각하게 고려하지 않을 수 없는 상황에 직면했지만, 그때 우리 집 분위기는 낙농에 대한 마인드도 별로 없는 것은 물론 시골살이에 대해서도 탐탁찮아 했었다. 그때는 그렇게 두 집 살림을 하면서 목장을 하는 사람들이 꽤 있었다.

1983년 7월 우리는 새로 태어난 아가와 관리인 둘, 소 스물일곱 마리를 가지고 이곳으로 들어왔다. 그 때 생각으로는 잠시 거쳐 가는 곳으로 생각했던 그 목장을 지금은 천직이라 여기고 있으니 사람의 일이란 정말 모를 일이다.

나는 그런 목장에 별 애정은 없었지만 아이들을 시골에서 키우는 것에는 불만이 없었다. 일은 관리인들이 다 해 주었다. 남편은 유럽을 다녀오더니 송아지를 외상으로 팔았다. 우리나라는 낙농이 적절하지 않다는 것이 이유였다. 그때도 역시 그런가 보다 했다. 소와 같이 살면서도 소 엄마가 되는데 걸린 시간은 길었다.

낙농은 풍부한 햇살과 적당한 비, 맑고 시원한 바람, 땅과 젖소 그리고 사람이 만들어 내는 하나의 종합예술이다. 자연환경과 소와 인간이 결합되어 매일 매일 만들어 내는 '우유'는 누가 뭐래도 완전식품이다. 노란 옥수수와 파란 풀 먹고 딱딱한 목화씨, 검은 비트펄프 먹고, 물 마시고 되새김질하여 '젖'을 만들어 내는 젖소는 하느님이 인간을 사랑해서 만드신 것이 분명한, 걸작 중의 걸작임이 틀림없다.

우리 목장 간판에는 '행복한 조란 목장'이라고 되어있다.

행복이란 것은 만드는 것이다. 가끔씩 우리 낙농동지들을 만나면 착유를 하면서 그 신비감에 도취되어 보라고 말한다. 크라우를 소용돌이치며 힘차게 나오는 젖을 바라보며 느끼는 신비함은 고된 노동을 이기는 열쇠가 되기도 한다. 어차피 해야 할 일이라면 즐겁고 행복한 맘으로 하도록 자신을 설득해야 하기 때문이다. 우리가 행복해야 젖소들도 행복하고, 젖소들이 행복해야 우리도 행복하다.

조란목장은 우리 아이들의 고향이며 우리의 평생직장이다.

"여러분, 조란목장에 놀러오세요."

조사모삼론 朝四暮三論

송(宋)나라에 저공(狙公)이라는 사람('저(狙)'란 원숭이를 뜻한다)이 많은 원숭이를 기르고 있었는데, 그는 가족의 양식까지 퍼다 먹일 정도로 원숭이를 좋아했다. 그런데 워낙 많은 원숭이를 기르다 보니 먹이를 대는 일이 날로 어려워졌으므로 원숭이에게 줄 먹이를 줄이기로 했다. 그러나 먹이를 줄이면 원숭이들이 싫어할 것 같아 그는 우선 원숭이들에게 이렇게 물었다.

"너희들에게 나눠 주는 도토리를 앞으로는 '아침에 세 개, 저녁에 네 개(朝三暮四)'씩 줄 생각인데 어떠냐?"

그러자 원숭이들은 한결같이 화를 내었다. 아침에 도토리 세 개로는 배가 고프다는 불만임을 안 저공은 이번에는 이렇게 말했다.

"그럼 '아침에 네 개, 저녁에 세 개(朝四暮三)'씩 주마."

그러자 원숭이들은 모두 기뻐했다고 한다.

조삼모사란 '간사한 꾀로 남을 속여 희롱하는 말'이라고 사전에서는 말한다.

그러나 나는 저공이 원숭이를 속였다고 생각하지는 않는다. 다만 발상의 전환을 통해 방법의 차이(朝四暮三)를 제시했을 뿐이다. 오히려 문제는 원숭이들에게 있지 않은가? 앞뒤 재보지 않고 덜컥 수락을 함으로써 실리를 챙기지 못 했으니 말이다. 저공의 입장에서는 도토리의 개수는 일곱 개로 같지만, 방법을 달리함으로써 원숭이들을 만족시켰으니 이것이야말로 가장 효율적인 경영기법일지도 모른다. 즉 투입은 같은데 생산성은 높아지는 방법을 택했으므로 저공은 어쩌면 오늘날의 'CEO'의 원조일지도 모르겠다.

물론 도토리 개수를 줄였다면 더 좋았겠지만 어쨌든 조사모삼의 방법론을 제시하는 바람에 같은 개수의 도토리를 가지고 목적 달성을 한 것이다.

그러나 현대의 'CEO' 같으면 원숭이들에게 다양한 놀이거리를 제공하고 신명나게 만들어서 원숭이들에게 직접 도토리를 따먹게 하고 놀고먹는 원숭이들에게 일을 시켜서 생산성을 올리지 않았을까?

내가 만일 학자였다면 여기에 '조사모삼론(朝四暮三論)' 이렇게 말을 붙였다면 참 그럴듯할 텐데 말이다. 과문한 탓인지 아직 이런 이론이 있다는 말을 못 들어 봤다. 이렇게 투입은 같은데 생산성이 늘어 날 수 있는 방식이 바로 '혁신'이 아닌지. 간사한 잔꾀가 글자순서를 바꿈으로 훌륭한 가치전도가 일어나는 것이 바로 발상의 전환을 통한 쇄신이 된 것이다.

21세기가 되면서 모든 분야에 혁신의 바람이 불고 있다.

'변하지 않는 것은 없다. 변하지 않는 것은 모든 것은 변한다는 진리뿐이다' 라고 말을 한다. 변하지 않으면 살아남지 못한다는 것은 누구나 아는 일이다. 이미 농촌인구가 전체인구의 10%대를 밑돌고 마구잡이로 밀려드는 수입농산물에 경쟁력이 약화된 농업의 위기론이 팽배해 있다. 농촌도 농업도 농민도 정부도 소비자도 다 변해야 산다.

세상은 정신없이 달려가는 고속 열차와도 같고 그 뒤에 연결되어 같은 속도로 달려가야 하는 것이 농촌의 숙명이다.

사람에게 가장 기본적인 위로는 자연이 주는 위로다. 세상의 빠름에서 조금은 벗어나서 자연의 순리에 따라 씨를 뿌려 가꾸고 가축을 기르며 그 속에서 자연의 흐름에 따라 순환하는 농민들의 사는 모습은 그 자체만으로도 좋은 볼거리를 제공하는 느릿한 삶이면 어떨까.

하지만 그렇게 해서는 아이들 교육은커녕 밥 먹기도 빠듯하니, 열심히 일하고 공부하고 눈치껏 도시사람 흉내도 내고 더 생산성을 높여 자원의 효율성을 높이는 방법을 강구해 보아야 하는 것이 우리 현실이다.

토지를 포함한 자연자원은 한정되어 있고, 그 한계 안에서 생산성을 높일 수 있는 방법을 찾아야 하는 것이다.

실제로 엉터리 낙농인에서 우리를 진정한 낙농경영인으로 변신시켜 준 것은 생산성을 높이려는 피나는 노력의 결과이기도 하다. 이제 농촌은 가난하고 불편하고 뒤떨어졌다는 과거의 부정적인 이미지를 벗고, 인간의 '삶의 질 향상'에 중추적인 역할을 하는 주체로서 희망적이고 긍정적인 인식의 대전환이 필요한 때다.

꾸준하게 변화를 시도하고 항상 다양한 각도에서 사물을 바라보려는 노력과 자기 일을 사랑하는 열정, 그리고 그에 걸맞는 끊임없는 노동이야말로 농업이 성공할 수 있는 방법일 것이다.

몇 년 전에 서울과학대학원 교수로 있는 친구 남편은 모 잡지에

기고한 내 글을 보더니 바로 스티븐 코비의 '성공하는 사람들의 7가지 습관'에 입각한 성공 스토리라고 말을 했다. 물론 그때 나는 그런 책이 있는 줄도 몰랐지만 지나고 보니 정말 그랬다.

이제 농업도 성공 스토리가 필요한 시대다.

대동강 물 팔아먹은 봉이 김선달의 극적인 아이디어가 각광받는 시대, 농업도 벤처기업이 되어야 하는 시대가 되었다.

참 세월이 변해도 많이 변했다.

옛말은 정말 옳았다

그 돈이면 원유(原乳) 단가가 킬로그램당 육백 원으로 치면 우유 약 73톤의 가격이고, 사십만 원짜리 송아지는 백 마리 값이 넘는다. 우유 73톤, 그 우유를 짜려면….

여기까지 생각이 미치면 자다가도 벌떡벌떡 일어나곤 했다.

농협에 가서 마지막으로 돈을 갚고 대위변제 확인서를 받아들고 보니 총 변제액이 43,789,876원이었다. 담당직원은 이 종이 한 장이면 채무자에게 압류를 비롯한 권리행사가 언제든 가능하다고 했다.

1996년의 3000만 원짜리 보증 건이 이렇게 9년 만에 종지부를 찍었다.

그 사람은 지역의 유지였고 우리와는 오랜 친분을 유지한 사람이었다. 사업에 손을 대서 어렵다는 소식을 들으면서도 남편은 그 사람의 부탁을 물리지 못하고 빚보증을 서고 말았다. 점심때 나갔는데 도장만 받더니 같이 점심 먹자는 소리도 없이 이내 돌아서 갔다는 소리를 듣고, 어쩐지 그 사람들 상황이 매우 좋지 않다는 불길한 느낌이 들었다.

98년에 IMF사태가 오면서 큰일이 터졌다는 것을 직감했다. 대위변제 요구서가 날아들기 시작했고 이자는 년20%가 넘었다. 하루에 500kg 짜는 우유로 그 돈을 갚으려면 어째야 하나, 한꺼번에 손에 들고 구경 한 번 못해 본 돈, 아깝다는 생각이 들기 시작하면 날밤을 새기가 일쑤였다.

98년 말에 병원에 입원해 있던 나는 남편과 함께 그 집을 찾아갔는데 어른들은 없고 아이가 문을 열어 주었다. 테이블 위에는 백화점에서 날아 온 카드대금 청구서가 널려 있고, 8월에 피서 가서 찍은 사진이 여러 장이 놓여있고, 주차장에는 부부가 각기 타고 다니는 외제 승용차가 그대로 있었다. 직감적으로 돈이 있어도 갚지 않을 사람들이라는 것을 느꼈다. 늦은 밤까지 기다려 어렵사리 만난 그는 그때까지도 큰 소리를 치고 있었다.

그해는 감귤이 유난히 비쌌다. 작은 딸은 겨울이 되면 손바닥이 노래지도록 귤을 잘 먹었지만 그 해는 아이에게 비싼 귤을 마음 놓고 먹일 수가 없었다. 남편은 그 집을 찾아다니며 어떻게 해서든 한 푼이라도 받아 보려고 안간힘을 썼다.

어느 날 밤늦게 돌아 온 남편이 거기서 키우던 애완견을 한 마리 들고 왔는데 강아지 밥그릇에 어지럽게 담겨져 있는 귤 조각은 나를 비웃고 있었다.

그때까지 한마디 말도 없던 나는 드디어 폭발해 버리고 말았다. 그 강아지도 남편도 나를 조롱하는 것만 같았다.

'못 키우겠다고 한다고 그걸 들고 들어오다니.'

시쳇말로 뚜껑이 열렸다. 이게 삼천만 원짜리 개냐고 악다구니 쓰며 길길이 뛰는 나를 남편은 물끄러미 그냥 바라보고만 있었다. 막말을 쏟아내며 나는 남편이 딴 짓을 해서 갖다 버린 돈도 아니고, 술을 마신 것도, 잡기를 한 것도 아니라고 스스로를 위로했다. 돈이 거짓말을 한 것이지 사람이 거짓말을 한 것이 아니라고, 그야말로 운이 없는 것이라고 말이다. 언니는 1억이 아닌 것을 감사하며 인생 공부 비싸게 했다고 치고 잊어버리라고 했다.

그 후에 남편은 한 번인가 거길 더 간 것 같다. 트럭을 타고 간 남편에게 정말 미안하다고 하면서 어차피 남의 손에 넘어갈 테니까 대형 외제 텔레비전을 비롯해서 고가의 가재도구를 실어가라고 하더란다.

"나중에, 나중에요"라고 말하며 돌아서는데 마음이 어찌나 참담하던지 눈물이 나더라고 했다. 나는 지금도 남편이 주섬주섬 물건을 주워 싣고 오지 않은 것에 대하여 감사한다. 빈차로 돌아온 남편에게 내가 한 말은 딱 한 마디였다.

"여보 고마워요."

결국 2000년에 특별조치로 이자 감면 혜택을 받아 3900만원을 우리 명의로 돌려서 그 돈을 갚아 나갔다.

오래 전부터 이름이 다른 돈이 생기면 꼬박꼬박 저축을 했다. 그 돈 속에는 푼푼히 받은 원고료, 상담 다니면서 차비명목으로 받았던 돈, 한두 번 강의료로 받은 돈도 들어 있었고 이런저런 축하금, 심지어 병원에 입원하면서 지인들로부터 받은 위로금까지 포함되어 있었다. 이듬해 가을 정기예치가 만료 된 2000만원을 찾아 그 자리에서 미련 없이 돈을 갚고 나오는데 왜 그렇게 허전한지 눈물이 핑 돌았다. 집에 와서 내색하기가 싫어서 한동안 읍내를 쏘다니다가 들어왔다. 그 돈은 남편이 오십 세가 되는 해에 남편에게 꼭 해주고 싶은 것이 있어서 10년을 모은 돈이었다. 그

후로 초임소를 세 마리 팔아서 조금 갚고 그리고 이번에 나머지를 다 정리했다. 대위 변제서를 보고 남편은 그들을 다시 한 번 찾아가고 싶어 하지만 간곡하게 말릴 생각이다.

나는 알고 있다. 남편은 돈보다도 자신을 배신하고 바보로 만들어 버린 그 사람이, 오래 믿고 좋은 관계를 유지했던 사람이라는 사실을 더 가슴 아파 한다는 것을….

그 돈이 부채로 남아 있으니 마음의 병은 깊어만 갔다. 이자 갚으라는 쪽지가 날아올 때마다 가슴속에서는 불이 났다. 그 돈만 생각하면 애들 용돈도 줄여야 했고, 자식들 보고 싶어 하시는 부모를 만나러가도 손이 주머니 속에서 얼른 빠져나오질 않았다. 새 옷 좋아하는 남편에게 철 바뀌어도 티셔츠 한 장 사주는 것도 아끼며 기를 쓰고 갚았다.

이젠 아주 깨끗이 잊어버려야겠다고 생각한다. 빚보증이란 것이 그들이 우리 동네에 놀러와도 우리 집은 슬그머니 그냥 지나치는 것이고, 자식 결혼을 시켜도 우리에게만 알리지 않는다는 것을 알았다.

'결국 돈 잃고 사람 잃는 빚보증 서는 자식은 낳지도 말라'는 옛말은 정말 옳았다. 옛말 옳다는 것을 알게 된 수업료 치고는 정말 비싸다. 생돈 버리는 방법도 가지가지다.

하룻강아지 '다루'를 보며

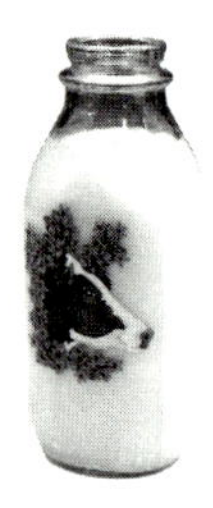

다루 녀석이 또 심심한 모양이다.

한쪽에 꼭 손가락 하나 만큼 뿔이 달린 다루가 채식장 저쪽 끝에서부터 밥 먹는 소들을 귀찮게 하기 시작한다. 그것도 뿔이라고 새파란 하룻강아지가 겁도 없이 '어르신'들을 머리로 박으면서 사료 먹는 것을 방해한다. 열에 아홉 마리는 사료를 먹다 도망가거나 자리를 옮겨가지만 이 녀석은 쉽사리 그만 둘 태세가 아니다.

그러나 점잖은 3호는 저 끝에서 신나게 방해하며 오던 녀석이 다가가도 별로 개의치 않고 천천히 하던 대로 사료를 먹으며 고개를 돌려 심상하게 다루를 바라본다. 일단 멈칫거리던 다루가 다시 다가가려고 시도를 해 보지만 여전히 조용하게 바라보는 그녀 기세에 눌려 슬그머니 돌아서 다른 소에게로 가버리고 만다.

이걸 보면서 요즘 한창 세상을 떠들썩하게 하는 '일진회'나 학교 폭력에 대하여 다시 한 번 생각해 본다. 그것은 철저히 강한 자에게는 약하고 약한 자에게는 강한 비인간적인 행태다. 학교사회처럼 평등하고 수평적인 사회는 없다고 생각한다. 왜냐하면 일단 출발이 같기 때문이다.

물론 공부를 잘하는 아이와 못하는 아이의 구별이 있고, 각자의 가정의 빈부격차가 있다 하더라도, 같은 교실에서 똑같이 주어지는 교육기회를 통해 공부하는 속에서 사회화를 거치기 때문이다. 그런 학교에서 같이 생활하는 친구를 폭력으로 굴종시켜 인간으로서의 존엄성을 짓밟아, 건강한 시민으로 살아갈 힘을 빼앗고 그늘 속에서 어긋난 삶을 살게 하는 일이 비일비재하게 일어난다는 것은 참으로 가슴 아픈 일이다.

그러면 왜 그렇게 따돌림을 당하고 인간으로서 참지 못할 수모를 겪으면서도 말 못하고 당하기만 하는지, 그 문제의 출발점은 '가정'에서부터 출발 된다고 생각하면 어떨까? 부모들은 아이를, 당당하게 자신의 의사를 말하고 자기 자신에 대한 깊은 애정으로 자신을 책임질 수 있게 키우려는 노력을 지금보다 더 많이 해야 한다고 생각한다. 그것은 공부를 잘하는 아이로 키우는 것보다 더 중요하다. 힘으로서 남을 억압하려 해서도 안 되고, 지나치게 자신감이 없어 자신을 남들의 손에 내어 맡기는 일도 일어나서는 안 된다는 것을 아이들에게 가르쳐야 한다. 자라나는 아이들은 사회의 공적(公的) 재산(財産)이라는 생각으로 내 아이뿐만 아니라 남의 아이들도 잘 자랄 수 있는 토양을 만들어 가는 일이 어른들이 할 일이라고 본다. 아무리 내 아이가 우수하게 자라도 사회구성원들이 그렇질 못하면 건강한 사회가 되지 못하기 때문이다

'그래, 바로 그거야.'

나는 속으로 쾌재를 부른다.

개가 사납게 구는 것을 제압하는 방법은 무섭다고 피하면 더욱 으르렁거리지만, 눈을 똑바로 보고 버티고 있으면 짖다가도 슬그머니 꼬리를 내리는 경우를 종종 보게 된다.

3호의 점잖은 대응에 주눅이 들은 다루는 일단 기세가 많이 꺾여 버린다.

만약에 3호조차도 하룻강아지 '다루'의 기습에 물러났다면 아마도 '다루'는 더욱 기고만장해졌을 것이다.

소들에게도 사회적 서열이라는 것이 있다. 동물들이 모여 사는 곳은 인간 사회와 같지는 않더라도 나름대로의 질서와 규율이 있을 터인즉 소들도 예외는 아니다. 소는 여러 번 자기가 속하는 군(群)이 달라진다. 예를 들어 처녀소군에 있다가 새끼를 낳으면 착유우군에 들어가는데, 이때는 한바탕씩 뛰며 기존의 소들이 세(勢)를 과시하며 서열다툼을 한다. 이때에 텃세를 하고 신참을 괴롭히는 녀석들도 대개는 정해져 있다.

대부분의 초산(初産) 소들은 밀리고 당하면서 호된 신고식을 치르지만, 가끔씩 사납게 구는 녀석에게 머리를 들이대며 맞서서 절대로 지지 않는 녀석들이 있다. 그런 애들은 이후에는 아무도 안 건드리게 된다. 나는 그 애들에게 박수를 치며 찬사를 보낸다.

소들은 일단 서열이 정해지면 서로 알아서 질서를 잡기 때문에 사람처럼 그렇게 끝을 보지는 않는다. 아이들도 이렇게 한 번씩 세력다툼은 해도 그냥 자기가 속한 사회에서 약한 애들을 뿌리 채 들어내는 지금과 같은 폭력은 없었으면 좋겠다. 서로 어울려 살아가는 방법을 익혀서 더 이상 불행한 일이 없으면 얼마나 좋을까! 이 순간에도 동료들의 잔인성에 짓눌려 고통 받고 있는 아이들이 좀 더 자신감 있게 자신을 지켜 낼 수 있었으면 좋겠다는 생각을 해 본다.

연화야, 잘 가!

엉덩이를 들썩이며 일어서려 안간힘을 쓰는 연화의 큰 눈에서 눈물이 뚝뚝 떨어졌다. 이러지도 저러지도 못하는 대책 없는 마음은 벼랑 끝에 선 느낌이었다.

"연화야, 네 다리로 설 수 없어 가슴으로 통곡하는 그 마음을 내가 어떻게 안다고 할 수 있겠니!"

"너는 다리가 다른 소들보다 약한데 미안해, 미안해!"

겁이 많아 사람의 손길을 달가워하지 않았지만 다가가서 얼굴에 내 뺨을 부벼도 속절없이 눈물만 흘렸다. 이럴 땐, 정말 이럴 땐 어떻게 해야 하는지 알 수가 없다. 오로지 거짓말처럼 벌떡 일어나는 기적을 바랄 수밖에.

소를 키우는 것은 우선 경제적인 이유이다. 돈이 안 되면 소를 키울 수가 없음은 당연한 일이다. 그런데 이 목숨 붙은 자식 같은 것들은 돈으로만 따질 수 없는 것이 우리들의 한계다. 돈이 안 되는 줄 알면서도 우유 먹이고 사료도 줘야 하는 것은 우리가 생명을 기르며 밥을 먹는 기본적인 도리이다. 배냇병신으로 태어나 일어서지도 못하는 송아지를 돈 안 된다고 그냥 둘 수는 없다. 할 수 있는 일은 다 한다. 한 달밖에 못살고 두 달밖에 못살아도 시간 나는 대로 다리도 주물러주고 주사도 놔주고 최선을 다한다. 그것은 내게 맡겨진 생명에 대한 예의이며 최소한의 연민이다.

연화는 1기 실습생 인섭이가 제일 사랑하는 친동생의 이름이다. 인섭이가 1년을 살다 실습을 마치고 떠나기 전에 마지막으로 낳은 암송아지에게 동생의 이름을 지어 주고 갔다. 얼굴은 흰 바탕에 눈자위만 까만 털을 입은 다소 쌀쌀맞고 도도해 보이는 연화는 사연이 많은 소다.

그녀가 태어나서 얼마 안 되었을 때, 남편은 박탈된 낙농가의 권익을 찾아야 한다며 20일 이상 지속되는 집회에 참가하고 있었다.

연화는 심한 설사를 했다. 주사기를 들어서 애기의 엉덩이에 주사를 놓는데 하도 버티는 바람에 주사바늘이 너무 깊이 꽂힌 모양이었다. 신경을 건드렸는지 그날 이후로 다리는 건드렁 거리고 딛질 못하는 것이었다. 그 희고 예쁜 송아지를 바라보는 내 마음은 말 할 수 없이 아프고 죄책감이 들었다. 소와 함께 한 시간이 얼만데 저런 실수를 했나 싶어서 마음을 다잡을 수가 없었다. 그런데 한 달이 넘겨 지나자 조금씩 다리를 떼어 놓더니 어느 순간 완전히 네다리로 꼿꼿하게 설 수 있었다. 달려들어 끌어안으려고 하니까 예의 그 쌀쌀맞음으로 품에서 빠져나가 버렸다.

그런 연화는 잘 자라서 태어난 지 2년 만에 엄마가 되었다. 난산의 고통으로 헤매던 그녀는 하는 수 없이 제왕절개 수술을 받아야 했다. 그러나 송아지는 숨을 쉬지 않았고 연화도 매일 시름시름 앓았다. 또 한 번 마음이 아팠다. 추운겨울 한 쪽 구석에서 그렇게 시간을 죽이던 연화는 봄이 오면서 조금씩 회복이 되었다. '아, 고마워, 연화, 고맙다!' 어느덧 연화는 내 특별한 관심에서 벗어나 무리 속에 완전히 섞여 버렸다. 내가 그녀를 슬그머니 잊은 것이 한 삼 개월쯤 되었던 것 같다.

그런데 또 어쩌자고 우사바닥에 미끄러져 넘어져 버렸단 말이냐.

"제발 일어나봐. 제발…."

그런 연화는 이제 내 가슴에 아주 강한 아픔을 심어 놓고 어느 날 엉금엉금 기다시피 찬 바닥에 아무렇게나 몸을 내던져 그렇게 트럭을 타고 떠나가 버렸다. 채 피지도 못하고 그냥 그렇게 조금 살다가 가버린 연화가 가여워서 눈물이 난다. 다른 아픈 데가 없어도 다리를 못 쓰면 살아갈 수가 없는 게 그들의 운명이란 것이 마음 아플 뿐이다.

나는 네게 목부시인 최창균의 '쓰러진 소를 일으키며'를 조사(弔詞)로 바친다.

쓰러진 소를 일으키며 나는 되뇌인다.
어둠 속 더욱 시커먼 어둠으로 누워 있는 네가
나의 슬픔이구나 사방을 둘러보아도
생의 비탈처럼 쓰러져 있는 네가
또한 나의 아픈 사랑이구나
지금 너는 내 자식
…….

절망의 거품 물고 발버둥치는 네가
생의 밑바닥까지 갔다 되돌아오는 비명처럼 우는 때
나는 혼신의 힘으로 너를 도와 일으킨다
그렇게 너도 나를 도와 부끄러운 내 삶을

일으켜 세우는구나

이제 세상을 꼿꼿하게 살아보자고.

『백년 자작나무 숲에 살다. 창비시선』

목숨 붙은 것들은 다 슬프다.

"너를 일으켰어야 했는데, 너는 일어났어야 했는데,

잘 가라, 아가. 우리 연화야."

팔자에도 없는 그림읽기

나는 본래 예술적인 감각이 있거나 예술의 여러 장르에 조예가 깊은 것도 아니고, 사실 그리 큰 관심조차도 없다.

음악은 그저 큰 노력 없이 듣기만 해도 좋다고 느낄 줄은 알지만 그림은 그 경우가 판이하게 다르다. 가끔씩, 정말 가끔씩 가는 미술전은 '전시회를 다녀왔다'라는 사실을 제외하고는 별 소득이 없을 정도로 문외한이다. '아는 만큼 보인다'는 만고의 진리를 알긴 하지만 그렇다고 공부를 하면서까지 다닐 정도로 그림을 좋아하는 것도 아니다. 그림 말고도 모르는 것이 얼마나 많은데 취미도 없는 그림에 관심을 가질 이유도 없으니, 애당초 상관없는 팔자에도 없는 그림 읽는 공부를 할 의향이 별로 없었다.

작년 봄에 예술의 전당 한가람 미술관에서 '서양미술 400년전(展)'을 하는데 엄마가 못 보면 평생 후회한다고 반 어거지로 작은 애한테 끌려서 다녀왔다. 딸애 동아리 친구들이 딸의 꼬임(?)에 넘어가 교양으로 미술사를 수강하면서 리포트 때문에 몰려왔다고 시끌벅적했다. 명색이 친구엄마라고 넙죽넙죽 인사하는데 그 인사만 달랑 챙길 수가 없어 밥을 사겠다고 했다. 아이들이 시간도 너무 이르고 배도 고프지 않으니 마실 것으로 대신하겠다고 해서 한 잔에 밥 한 그릇 값 하는 코코아랑 무슨 케이크 조각을 몇 개 사주었던가.

속으로 '흠, 이 녀석이 나를 끌고 온 목적이 있었군. 흐흐.'

속으로만 그런 생각을 하면서도 지갑에서 빠져나간 몇 만원이 아깝질 않았다.

작은 애는 연구실에 들어가고 싶다고 유래 없다는 12월의 그 강추위 속에 아차산 보루 발굴장엘 기를 쓰고 다녔다. 한 시간을 걸어 올라가야 하고 오로지 어떻게 하면 좀 덜 추울까에 모든 신경이 쓰일 정도로 추운 곳에 몇날 며칠을 나가더니 연구소에 들어간 모양이었다. 내복을 겹겹이 껴입은 데다 하루 종일 찬 데서 얼어 있어서 꼬질꼬질함이 이루 말할 수 없어, 퇴근시간 무렵에 산을 내려와 전철을 타려면 아주 창피했지만, 하고 싶은 일을 해서 견딜만하다고 했다. 하고 싶은 일을 할 수 있고 목표의식이 뚜렷한 것이 얼마나 행복한지 알고 나니 자신감이 생긴다고 말했다.

진눈깨비가 내려 길은 미끄러운데 트럭으로 이사를 시켜야 하는 난감한 사태가 발생하였다. 연휴 끝나면 곧바로 연구실에 나가야 하는 터라 불가불 이사를 하지 않을 수가 없었다. 아이는 오랜만에 자신만의 공간이 생겼다며 열심히 짐정리를 하고 쓸고 닦고 했다.

필요한 물건을 장만하느라 마트에 갔다 오다 레스토랑에서 저녁을 먹으며 많은 이야기를 나누었다. 아이는 몸도 마음도 훌쩍 자라 있었다.

밤엔 내게 '서양화 읽는 법'이란 책을 내밀었다.

요즘 그 책을 보면서 행복하다. 미술은 물론 의학공부까지 한 저자는 명쾌한 글솜씨로 해박하게 역사와 미술, 신화와 문화까지 두루 섭렵해서 많은 것을 재미있게 알려주고 있기 때문이다. 책이 한권으로 말한다면, 영화는 두 시간으로 말하고, 그림은 한 장으로 말한다는 것을 어렴풋이 알 것 같다고 했더니 아이는 아주 좋아했다. 그 아이는 내가 자신의 전공분야에 관심 있어 한다는 자체를 정말 좋아한다. 그러나 처음부터 그랬던 것은 아니다.

원하지도 않는 대학에 들여보낸 것부터가 잘못이었다. 일단 아이는 집을 떠난 것에 대해 아주 심각하게 후유증이 생겼다. 자꾸만 두통이 생기고 어떤 때는 숨이 탁 막혀서 힘들고 잠도 오지 않는다고 했다. 정신과 의사인 친구남편에게 상의해 보니 일단 내과검진을 받은 후에 보는 것이 순서일 것 같다고 했다. 내과에서는 아무 이상이 없고, 예상대로 스트레스지수가 몹시 높은데 혹시 이성문제인가 공부 때문인가 의심했지만 결과는 집을 떠난 스트레스였다. 그렇게 공부에 취미도 붙이질 못하고 힘들어 하던 둘째는 결국 자신이 원하는 과에 가질 못하고 얼토당토않은 고고미술사학과에 배정을 받았다. 고고미술사학이라니 우리는 망연자실했다.

그렇게 2학년을 또 방황하며 보내는데 그것을 바라보는 어미 심정이 어땠을까. 그런 속에서 아이는 어떻게든 생존하기 위해 노력을 거듭하며 3학년에 올라가 조금씩 취미를 갖기 시작해 결국 장학금을 두 번 받았다. 이젠 됐다 싶었는데 고고학에 심취해 아주 진로를 정해버렸다.

가끔씩 집에 와서 전공에 관한 이야기를 하면 잘 알아듣지 못해도 얼마나 고맙고 대견한지 열심히 들어주곤 한다. 애들 셋 중에서 둘째는 유별나게 지엄마랑 무엇이든 같이 하고 싶어 하는데 잦은 전시회 동행요구를 번번이 들어주질 못해 미안한 마음이 든다.

아무튼 아는 만큼 보인다고 하니 얼마나 볼 수 있을지 관심을 가져 볼 작정이다. 보고 싶은 만큼 알았으면 좋겠다. 이번에는 야수파의 거장 마티스전과 르네상스전을 숙제로 주었다.

딸내미는 매장문화재의 보존과학에 관심이 많다.

'아무리 문화재를 발굴하면 뭐 하겠는가, 보존을 못하면 아무 소용이 없는 것을.'

그녀의 전공 선택의 변(辨)이다.

또 다른 아들들에게

— 한국농업전문학교 현장교수로 살아가며

희뿌옇게 날이 새는데 '부르릉' 하며 돌아가는 기계소리가 새벽을 깨운다.

스무 살이 갓 넘은 너희들이 그렇게 새벽잠을 설치며 현장교수의 목장에서 실습을 하며 보내는 1년의 시간은 아마도 너희들의 인생에서 아주 특별한 경험일 것이다.

지난밤 단잠의 흔적이 덕지덕지 묻은 너희들은 부수수한 머리를 채 정돈하지도 못하고 꺼벙한 모습으로 마주친 우리에게 고개를 꾸벅 숙여 인사를 한다.

"안녕히 주무셨어요?"

너희들은 모를 것이다. 우리가 너희들을 어떤 마음으로 바라보는지.

낙농상황이 심상치 않게 돌아가고 뒤숭숭하면 맨 먼저 너희들을 떠 올린다.

재윤아!

잉여원유 차등가격제로 몸살을 할 때 "만약에 상황이 나빠져서 목장을 못하게 되면 너는 뭐할래?" 하고 물었지.

"목장을 꼭 하고 싶지만 만약에 그런 상황이 온다고 하더라도 다른 일을 하면 돼요. 저는 자신 있거든요."

그 말을 듣고 내 마음이 얼마나 아프고도 뿌듯했는지 아니?

아버지 반대로 농대에 진학을 못하고 일반대학을 다니다 군대 제대 후에 진로를 바꿔 한국농업전문학교에 들어온 네가 우리 집에 처음 오던 날을 잊지 못한다.

노르스름하게 물들인 머리에 무스를 발라 잘생긴 이마를 드러내고 눈초리가 예리하게 반짝이는 네가 못마땅했다. 저런 녀석이 무슨 일을 할까 싶어서.

그런데 엊그제 우리 집에 다녀가신 어떤 분이 이백 리 밖에서 목장을 하는 너를, 실습을 잘 받아서 목장을 아주 잘한다고 어찌나 칭찬 하는지 어깨가 으쓱했다니까. 그날 교수님과 나는 하루 종일 기분이 그렇게 좋을 수가 없었다. 그런데 이 땅의 아리따운 규수들 다 뭐하는지 모르겠다. 우리 재윤이 같이 멋진 신랑감을 못 찾고 말이다.

그리고 우리 인섭이!

기껏 실습 마치고 낙농을 그만두고 한우를 키우게 되어 버린 게 얼마나 아쉬운지 모른다. 우리 아이들이 다 객지로 떠나버려 내 가슴에 숭숭 찬바람이 들던 때 너는 처음으로 우리를 현장교수로 만들어 주었지.

하도 밝고 명랑하니까 보는 사람마다 다 예뻐하고 우리도 아주 즐겁게 살았다. 그런데 덜렁거리기가 이루 말할 수 없어 혼도 많이 나고 안전사고 날까봐 가슴을 쓸어내린 적도 많았었다. 어버이 날, 내가 아끼던 화단에 핀 흰색 꽃과 여러 가지 꽃을 꺾어 호일로 말아 선물이라며 우리에게 내밀던 네 이야기를 우리는 지금도 한다. 나는 그 흰 꽃이 아까워서 가슴이 쓰린데도 속으로만 끙끙 앓았지.

또 머슴애가 밤마다 몰래 우리 목장 이름을 십자수로 놓아서 시계를 만들어 떠나는 선물로 주고 갔을 때 내 마음이 어땠게?

실습마치고 돌아가던 날, 겨울 옷 몇 가지 사다 입히고 너를 터

미널에 데려다 주고 오면서 혼자 울었어.

아버지가 전화를 하셨더구나.

"우리 인섭이가 무사히 실습을 마치게 해주셔서 감사합니다. 아주 많이 자라서 왔습니다."

"감사하기는요, 우리가 고맙지."

그런데 연화가 그만 사고로 가고 말았다. 오래오래 잘 키웠어야 했는데 말이다. 맘이 아파 죽을 뻔 했다.

이제 수입쇠고기가 들어오면 한우 값이 많이 떨어질 텐데 참 걱정이다. 아직 동생들 공부도 많이 남았고 한데 말이다.

그래도 희망을 가지고 열심히! 알았지?

김태훈!!

한 번 씨익 웃으면 그만이다. 어째 어린애가 그렇게도 과묵하고 속이 깊은지. 아무 데다 내놔도 걱정이 안 된다. 요즘 아이들답지 않게 겉치레에는 관심도 없이 그냥 바위처럼 일 잘하고 심지가 굳은 너는 보기만 해도 참 든든한 녀석이다. 너를 보면 누가 뭐래도 너 같은 아이가 농촌에 있는 한 희망이 있을 거라고 생각한다. 다부지게 일도 잘하고 흔들림이 없는 너, 그런데 너무 말이 없어. 그래서 어떻게 장가나 가겠냐?

괜찮은 색시랑 결혼해서 목장에서 살려면 좀 너스레도 떨고 그래야지. 안 그래?

그래도 올해는 네가 가까운 학교에 있다는 생각으로 마음 든든했는데, 이제 졸업하고 영천으로 가고 나면 참 많이 섭섭할 것 같다. 저번에 왔을 때 장학금 탔다고 와서 식구들에게 밥 사고 갔다는 소리를 듣고 박장대소를 했다. 기특한 녀석.

실습 마치고 돌아가던 날, 그 먼 곳에서 부모님이 손수 농사지으신 사과를 가지고 오셔서 아이를 일 년 동안 거둬주어서 고맙다고 인사하며 점심이라도 한 끼 대접하겠다고 하셨을 때, 우린 정말 현장교수로서 보람을 느꼈단다.

지홍아!!

어느새 일 년이 지나 실습을 마치고 돌아갔다는 것이 믿기지 않는다. 외출했다 돌아왔는데 키가 멀쑥한 녀석이 덜렁한 빨간 작업복 바지를 입고 서서 인사하는데 그 어설픔에 그만 웃음이 나오더라. 한편으로 저런 녀석이 어떻게 목장실습을 할까 싶어서 걱정이 되었던 것도 사실이다. 어설프기만 한 너를 보면 처음에 내가 목장에서 일하던 생각이 그대로 떠올랐다. 풀을 베어도 낫이 드는지 안 드는지 조차도 몰랐던 그때 생각이….

얼마나 힘만 들고 능률은 안 올랐는지 말이다. 하다하다 안 되면 침울한 얼굴로 숨죽이는 너를 바라보는 내 마음은 안쓰럽기만 했다.

그러나 이제는 일도 척척 잘하고 무엇보다도 소를 사랑하는 너를 보면 마음이 따뜻하다. 밤에 목장에 올라가다가 소하고 앉아서 이야기하고 머리를 쓰다듬는 너를 방해하기 싫어서 그냥 온 적이 여러 번 있었어. 다른 사람한테는 잘 안 가는 소들도 네가 가서 만지고 쓰다듬으면 가만히 있는 것을 보니 너는 천생 목장 할 녀석이야. 한적한 오후에 송아지와 놀며 웃는 네 웃음소리를 듣는 것이 얼마나 행복했는지….

항상 말했지?

군대 가면 이보다 더 힘들 거니까 잘 참아 보자고.

그렇게 막막해 하고 힘들어 하던 실습을 마치고 돌아가면서 군이 점심밥을 사겠다고 해서 따라 나갔더니, 목장에서 배운 것은 돈으로 따질 수가 없다며 식당 마당에서 큰절을 하겠다고 해서 우리가 얼마나 당황했던지. 어설프기만 했던 네가 다부지고 멋진 청년이 되어 떠나는 것이 그저 고맙기만 하단다.

준희야.

이제 네가 우리 집에 온 지도 한 달이 다 되어 가는구나.

덩치는 큰 녀석이 순진하고 무엇이든 배우려는 태도가 참 기특하다. 송아지 자라는 것이 행복하고 재미있다고 말하는 것을 보니 미래 낙농인으로서 싹을 보는 것 같아 참 좋다.

분명 너도 다른 형들처럼 그렇게 많이 성장할 거라고 믿는다.

이렇게 1년에 한 명씩 아들이 생기는 우리는 얼마나 행복한 사람들인지 모르겠다.

애들아, 우리 아들들아, 정말 고맙다.

다람쥐 쳇바퀴는 삼백예순다섯 날

동지가 막 지난 새벽은 여섯 시가 다 되어 가는데도 캄캄하기만 하다. 잠시 어둠을 응시하며 긴 호흡을 하면 폐부에 와 닿는 새벽공기의 청정함에 문밖까지 따라 나온 이불 속 온기가 달아나고, 반사된 설원의 눈빛은 어둠을 푸르스름하게 희석하여 침잠한 주변의 실루엣을 어슴푸레하게 드러낸다. 멀리 밤새 지친 마을의 가로등을 바라보며 어제와 다른 오늘이 나에게 주어짐을 감사한다.

싸르륵싸르륵 눈 밟는 소리가 마치 뒤에 누가 따라 오기라도 하는 것처럼 찬 새벽길에 여운이 길다. 목장으로 내려가는 길, 꽁꽁 얼어붙은 겨울새벽, 품속을 헤집고 들어오는 날이 선 한기에 몸을 부르르 떤다. 하나 두울 셋…. 캄캄한 길을 내려가며 발자국 수를 센다. 백 예순 여덟 발자국.

목장에 도착하여 잠긴 목소리를 틔워 실습 나온 아이들과 인사를 나눈다. 한 방에서 자고 아내보다 좀 일찍 일어나 목장에 내려온 남편의 얼굴도 그제야 또렷하게 보인다.

지금이야 온풍기가 있어서 착유실이 좀 나아졌지만 별다른 난방을 할 수 없던 예전에는 소금을 뿌렸었다. 봄에 소금을 들여다 그늘에 발판을 놓고 쌓아 두면 여름내 간수가 빠져 보슬보슬해지면 소도 먹이고 겨울이면 바닥에도 뿌렸다. 물로 젖을 닦으면 물방울이 튀는 대로 바닥이 얼어붙었기 때문이다.

이 추운 겨울날 새벽일은 안 그래도 을씨년스럽기만 한데, 남부지방에 내린 집중적인 폭설로 축사가 무너진 사람들의 새벽은 어떨까 생각만 해도 마음이 착잡하다. 정읍이 집인 우리 실습생도 축사가 무너지는 바람에 집에 다녀왔다. 무너진 축사는 장비도 없고 자재도 없어 복구는 엄두도 못 내고, 며칠 동안 내내 무너지지 않은 축사 지붕의 눈만 치우다가 왔다고 했다. 애당초부터 설계를 잘해서 튼튼하게 지은 축사는 별로 큰 피해를 안 봤는데 형편이 어려워 제대로 못 지은 것이 피해가 막심하다. 그래서 꼬리에 꼬리를 물고 어려운 형편은 악순환을 거듭하게 되는 모양이다.

폭삭 주저앉아 엉성하게 골조가 드러난 우사에 소들은 갇혀 있고, 다치고 상한 소들을 바라보는 늙수그레한 주름투성이 농부의 눈에 어리는 눈물을 잡아 낸 기자의 카메라 앵글이 야속하기조차 하다. 소들은 덩치에 비해 겁도 많고 예민하기 때문에 아주 조그만 환경변화에도 민감해 지고 그 예민함은 질병에 노출될 위험성을 높이기 마련이다.

아무리 북방종이라 하지만 우리나라처럼 강추위가 잦은 나라에서 젖소가 겨울나기란 결코 만만한 일이 아니다. 그냥 두어도 겨울나기는 살얼음판인데 저들의 겨울은 얼마나 더 가혹할지, 동병상련이라고 그 심정을 소 키우는 우리네나 알지 누가 알까.

눈이 내리면 좀 불편해도 낭만이 있었다. 그러나 모든 것이 과하면 모자람만 못하다고 이젠 흰 빛만 봐도 진저리를 칠 정도로 내리는 눈이 재앙이 되어버렸으니….

지난여름에 더위 때문에 조바심치던 일은 어느덧 잊고 어서 빨리 추위가 물러가기만을 기다리는 목장은, 짚신장사 아들과 나막신 장사 아들을 두었던 어머니처럼 이래도 저래도 걱정이다.

우사가 무너져도 젖은 짜야 하고 아무튼, 아무튼 젖은 짜야 하고 그 안에서 삶의 끈을 붙잡고 비탄에 젖을 사이도 없이 다시 일어서야 하는 것이 또한 낙농인생이다.

온풍기가 돌아가 착유실 안이 훈훈해져 착유를 시작했는데도 선잠을 깨서 언 바닥에 웅숭그리고 서있는 녀석들은 움직임이 더디기만 하다. 느릿느릿 들어와서 젖을 짜고 나가는데 보통 봄여름보다 일이십 분 이상이 더 걸린다.

젖을 다 짜고 나와 소밥을 주다 보면 동녘에서 태양이 장엄한 행진을 시작하는 것을 볼 수 있다. 붉은 빛이 능선 위 나무들 사이로 천천히 올라오며 기염을 토한다. 그 붉은 기운을 이고 있는 것은 무엇이든, 심지어 어지럽게 늘어진 전깃줄조차도 아름답다.

장관이다. 이 장관을 볼 수 있음은 새벽을 더쳐 일한 보람이리라.

뜨는 해를 바라보는 것은 날마다라도 좋다. 이 찬란한 금빛 태양이 남녘의 그들에게도 고난을 이기는 마음의 원광(圓光)이 되었으면 얼마나 좋을까.

우리의 새벽일은 세 시간 남짓, 젖 짜고 사료 주고 송아지 우유 먹이고 삼백예순다섯 날 다람쥐 쳇바퀴 돌리듯 그렇게….

그리고 언 몸을 녹이며 아침을 먹고 여왕처럼 한 잔의 차를 마신다.

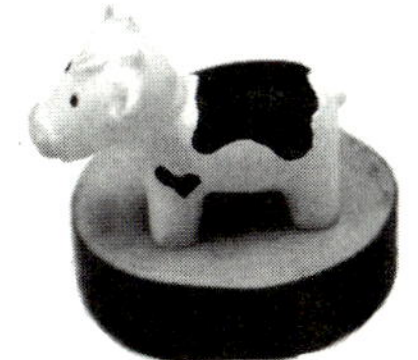

책을 내는 변명

마음은 철없고 어린아이 같기만 한데 갑자기 몸이 후끈 달아오르고 만사가 시들한 것이, 몸은 저만치 앞서 인생의 가을 문턱을 넘어서고 있었습니다.

삶을 뒤돌아보니 허우적거리며 지나온 세월들이 허허로웠습니다.

인생은 자기를 발견하는 과정이라 했기에 자신을 발견하고 싶었고 자기존재를 확인하고도 싶었습니다.

젖소와의 인연이 자식을 낳아 기른 세월보다 길었고, 그 인연의 끈은 내 운명의 씨줄도 되고 날줄도 되었습니다.

젖소들이 있었기에 아이들 예쁘게 키우고 공부도 시킬 수 있었습니다.

또 그들 덕에 부족하나마 부모님 손에 용돈 쥐어 드리며 자식노릇, 사람노릇 할 수 있었고 따뜻한 방에서 잠들 수 있었습니다.

그러나 죽어라고 짜 놓은 우유가 찬밥 신세일 때는 속상해서 눈물이 났습니다.

크고 작은 시련들이 있었지만 그 시련을 견디어 내는 것은 평범한 일상을 위대하게 만드는 작은 승리임을 알았습니다.

글을 쓰는 것은 나름대로 낙농을 절실하게 사랑하는 방식이었습니다.

글을 쓰는 시간들은 미숙한 영혼이 진화해 가는 과정이었고 관념에 머물던 것을 현실로 들여놓는 작업이었습니다.

어쭙잖은 젖소어미의 살림살이가 무슨 글감이 될까 하는 염려가 자꾸 글 쓰는 손길을 멈칫거리게 했지만 욕심을 내 보았습니다.

이 글이 읽는 사람들에게 재미가 있었으면 좋겠습니다.

우리만큼은 아니더라도 목장의 삶을 이해하게 되었으면 더 좋겠습니다.

2006년 3월 조란목장에서

목장에 피는 노랑제비꽃

1쇄 찍음 / 2006년 4월 5일
1쇄 펴냄 / 2006년 4월 10일

지은이 / 윤여임
펴낸이 / 김태봉
편 집 / 황은진, 김주영, 정종해
영 업 / 박상필, 김미란, 이준혁
등 록 / 제5-213호

펴낸곳 / 한솜미디어
주소 / (우143-200) 서울시 광진구 구의동 243-22
전화 / (02)454-0492, 팩시밀리 (02)454-0493
HomePage http://hansom.co.kr
E-mail hansom@hansom.co.kr

값 9,000원

ISBN 89-5959-027-4 03810